駆け出しFPの事件簿

お金はなくても…
お金の知識で
解決できることはある!

Fledgling Financial Planner
Case Files

内山貴博［著］

はじめに

「ゆりかごから墓場まで」

これは戦後のイギリスが掲げた社会保障政策のスローガンですが、ＦＰ（ファイナンシャル・プランナー）の仕事を一言で表すとき、私はよくこの表現を使います。生まれてから死ぬまでのさまざまなライフイベントにおいて、お金のアドバイスを担うことができるのがＦＰという仕事です。皆さんが今日まで歩んできた道を振り返ってみてください。進学、就職、結婚、住宅取得…。まとまったお金が必要になったとき、もっと事前に準備しておけばよかったと省みたことがあったかもしれません。

ＦＰは相談者の黒子となり、時に伴走者として一緒に走ります。お子さんが小さいときから教育資金や住宅ローンなどの相談に乗り、そのお子さんが志望校に合格した際に相談者と一緒に大喜びしたこともあります。一方、あまりに厳しい状況にある相談者の話を聞き、一緒に涙したこともあります。なんとかこの状況を打破してほしいと、必死に持ち合わせている知識を総動員し、解決策、改善案を提案しました。

今回、今まで私が経験してきました相談事例を参考に、具体的に描写したいシーンは許可を頂き、6話にまとめました。開業から今まで、多くの相談依頼を頂いたからこそ、この小説を書くことができました。本当にありがとうございます。

主人公が直面するさまざまな「事件簿」、どのような展開になるか期待しながら読み進めてください。読み終えた後、自然とお金の知識が増えており、そして、お金の知識をもっと身に付けたいと感じてもらえれば。そんなことを意識しながら書きました。

家計簿を付けてみよう、老後に向けて積立をしよう、FPの資格を取得しよう。読者の皆さんにとって、何か一歩を踏み出すきっかけとなれば幸いです。

内山FP総合事務所株式会社
代表取締役　内山　貴博

・本書は原則として、2020年10月時点の法令等に基づいて編集されています。
・東日本大震災、新型コロナウイルス感染症対応に係る各種制度等については、表記等には反映しておりません。

目次

プロローグ

大花火大会が行われるこの日。お昼前というのに、浴衣姿の学生も目に付く。どこか浮き立つムードを感じながら、梅田は駅を出た。人波に逆行し、お盆休みで閑散とするオフィス街へ足を進めた。

5階建ての雑居ビルに着くと、先に裏口に回り、ぎこちなく郵便物を確認する。ポストには、少し厚みのある封筒が入っていた。

「おっ、届いている」

つい頬が緩み、声を発してしまった。思わず口を手で覆って辺りを見回すも、どうやらこのビルに出勤している人はいないようだ。

階段で3階まで上がると、薄暗いフロアの先には4坪しかない小さな事務所がある。昨日引き渡しを終えたばかりの鍵で中に入る。

封筒を手で破ると、「梅田ＦＰコンサルティング　代表　梅田　真一」と記された新しい名刺が２００枚入っていた。梅田は先ほどとは対照的に、引き締まった表情となった。

５年４カ月勤めた博多銀行を退職することを決意したのは２カ月前。入社以来、本社管理部で企画や総務、そして営業支援の仕事に従事し、仕事にはなんの不満もなかった。ただ、どうしてもＦＰとして活動したく、営業部への異動、転職などいくつかの選択肢を前に日々思案を続けたが、一念発起して独立することを決意した。

独立に当たっては、上司の古城正博に何度も相談した。古城は会社に残るよう梅田を説得したが、自分の信念を貫く格好となった。古城も最後は梅田の熱意に折れ、「おまえの開業を応援する」と円満に送り出してくれた。

インスタントコーヒーを飲もうとするがお湯がない。今までと違い、全て自分でやらなければならない。ファックス兼用の電話を設置しながら、「この電話が鳴ることがあるのか？」と一抹の不安も覚えた。当然、電話も全て自分で取ることになる。

ついこの前までの職場環境とのギャップを感じ、早くも心細さが募った。ふと仲の良かった同僚の顔が浮かび、少し感傷的になりかけたが、届いたばかりの名刺がそれを打ち消してくれた。「いつか自分の名前を看板に掲げて仕事がしたい」。その一歩を今、踏み出そうとしている。こうやって開業を迎えることができた喜びを感じながら、梅田は中古で購入したチェアの高さを合わせ始めた。

今までは内勤で、ほとんど社外に出る機会はなかった。一日中デスクでパソコンの前にいることもあったくらいだ。でも、これからは自分の足で顧客先に出向き、ＦＰとして活動範囲や人脈を広げていかなければならない。「なるべくこのチェアに座らなくていいようにしないと」と、オフィスの電話を携帯に転送する設定を行った。

銃弾を拳銃のシリンダーに詰めるように、新しい名刺を名刺入れにしまった。これからどんな案件でも解決してみせる。ひとり気分を高めながら、梅田は開業準備に取り掛かっていた。

第１話

年金受給に〝死角〟あり

開業して１カ月がたち、９月も後半になった。梅田は出勤してすぐにブログの更新を行うようになっていた。ただただ何げない日常をつづることが多かったが、必ず最後には事務所ホームページのリンクを貼る。それだけで一つ仕事をこなした気がしていた。

ホームページも毎日のように更新しているが、なかなかアクセス数は増えない。問い合わせは２、３日に１件あるかどうか。

初めての飛び込み営業も経験した。スーパーマーケットやクリーニング屋などの地元の人々が利用する店舗に、事務所の案内を載せたビラを置いてもらいたいと依頼して回った。

上司であった古城が最も懸念していたことは、梅田に営業経験がないことであった。そして梅田自身も、そのことは不安材料として感じていた。事務所近くの店舗を探し、１軒１軒訪ねていく。「こんにちは」と発する前に既に喉はカラカラになっており、スムーズに話せない。ただビラを置いてもらうだけなのに、このありさまであった。

ポストにビラを投函するポスティングも企てたが、多くのマンションが「セールスお断り」「ビラ・チラシを投函しないでください」と掲示をしている。仕事につなげるためには、まず自分の存在を知ってもらわなければならない。そのためのビラ配りではあるが、それを真っ向から拒否するような掲示を見ると、心が折れそうになった。結局、そういったマンションでは1枚も投函できず、小さなアパートや民家を中心に10枚でもポスティングできれば、ただそれだけで満足をするといった日もあった。

「しばらくはこういう状況を覚悟していた。きっと少しずつ軌道に乗るはず」

いつも自分に言い聞かせる言葉はそう決まっていた。

退職前は、営業支援の情報発信のため、株式市場の動向をリアルタイムにチェックするのが梅田の業務の一つであった。証券取引所の午前の取引（前場）が11時30分に終わり、午後の取引（後場）が12時半に再開となるため、前場が引けた後、11時半から昼食を取り、後場に備えるのが日課だった。やや早めの昼休みだが、どのお店でランチを取っても混んでいないという利点があり、独立後もその習慣は続いた。

「今日は何を食べよう？」

一人事務所にこもり、誰とも接点のない状況から解放される時間は、少しだけテンションが上がる。そして銀行に勤務していた時と違い、12時半に戻らなくてもよい。仕事がないと焦燥感を感じるのか、自由が増えたと捉えるのか。考え方次第だ。

＊

朝の風が少しだけ涼しくなり、秋の気配を感じたこの日。梅田はいつも通り早めに昼食を取ったが、その日は急いで事務所に戻っていた。午後に新規の相談依頼が入っていたのだ。信号が変わるのを待っていると、梅田の携帯電話が鳴った。

「今日13時に予約している藤野と申しますが、少し早めに行ってもよろしいでしょうか」

と女性からの電話だ。

「はい、大丈夫ですよ。お待ちしていますので、気を付けてお越しください」

そう電話を切った後、梅田は慌てて事務所に戻り、来客の準備に取り掛かった。

新規相談は来所と訪問を選べるようにしているが、若い相談者は来所、年配の相談者は訪問を希望する傾向にある。メールだけの問い合わせで名字しか名乗らないケースもある。その場合は相談者が男性か女性か、何人で来るのかといったことを把握できずに相談日を迎えることになる。ただ、今回は電話の声から、藤野という相談者が女性であることが分かった。

ＦＰ相談は相談者との関係性が重要である。その後長く付き合っていくことになるかもしれないという点で、新規相談は慎重に距離を測る必要があり、何より緊張する瞬間でもある。

まだまだＦＰ相談の経験は少ないが、それでもこの1カ月で得たことは多い。

相談者はＦＰと話をする際、「全ての情報をさらけ出さないといけないのでは？」と感じ、ためらう人も多く、いざ相談をすると決めても、そういった心理が警戒感となり、話がかみ合わないこともある。一方、せっかく相談をすると決めたのだから、全て開示し、より良いプランニングをしてもらいたいという人もいる。

ただ、どちらにしても、相談者の多くがＦＰ事務所に足を運ぶこと自体初めてで、何から話せばよいのか戸惑いが見られる。そのため梅田は、ＦＰ相談を「健康診断」に例えて説明することもあった。

「せっかく昨晩から何も食べずに来てもらったので、徹底的に調べてもいいですし、胃カメラ検査だけでも大丈夫ですよ」

こんな話をすることで、梅田自身の口も徐々に滑らかになっていく。

今までこなした相談事例を思い出しながら、藤野の到着を待った。

＊

「こんにちは、予約していました藤野明子と申します。すみません、少し早くしてもらって」

「いえ、構いませんよ。こちらにお掛けください」

30歳前後の女性が一人。梅田は来客用の椅子に座るよう勧めた。

お茶を出し、名刺を渡しながら来所へのお礼を言う。そして、今回はホームページからの問い合わせであったため、なぜ梅田の事務所を選んでくれたのか、その理由を聞きながら少しずつ本題に入っていく予定にしていた。

「改めましてご来所ありがとうございます。今回はうちのホームページを見てくださって…」

と、梅田が言葉を発しようとした時、「早速なんですが、聞いてもらえますか。今日は月々の収支の改善点を教えてもらいたくて」とやや早口で藤野が切り出した。

「私、海外で仕事をしていて、今回は友人の結婚式で一時帰国中なんです。実は、今日の夕方の飛行機でまた日本を離れるので、その前に一度、FPさんに相談したいなと思っていたんです」

いつもの流れと違い、一瞬、梅田は戸惑ったが、単刀直入に相談内容を伝えようとする藤野の目を見て、しっかりと話に聞き入った。

梅田の事務所から空港まで地下鉄で4駅と、それほど離れてはいない。出国前に立ち寄るのに便利だったのかもしれない。梅田はそんな予想を立てながら、「国際線なので、なるべく早く空港に着いた方がいいですよね？　相談時間が超過しないようにしますね」と付け加えてヒアリングに入った。

梅田は開業後、張り切るあまりつい時間を超過し、1時間の相談が2時間近くに及ぶこともあった。相談料は一律のため、むしろ相談者からは「時間を気にせずさまざまなアドバイスをしてくれた」と好意的に取ってもらえることもあるが、今回はそうはいかない。なるべく遠回りすることなく、早い段階で収支改善のための提案をしたいところだ。

ヒアリングによると、藤野はフィリピンのセブ島でホテルのクロークとして働いている。日本人にも人気の観光地であり、日本語のできる藤野は他のスタッフよりもやや待遇が良く、少し高い給料をもらっているとのことだった。それでも物価の安いフィリピンとあって、月の手取りは10万円ほどだが、現地では社員寮に住んでいることもあり、月々5万円もあれば生活できる。ただ、このように年に1、2回帰国すると、その時の支出が大きく、結局、ほとんど貯金ができないでいることを悩んでいた。

「今回も飛行機代はもちろん、ご祝儀や美容室、なんだかんだで、もう大変です」

少しずつ全体像は見えてきた。なぜセブ島で働くことになったのか？　そして、今後のキャリアプランをどう考えているのか？　このあたりにヒントがありそうだ。

子どもの頃から刑事ドラマが好きだった梅田は、いつも相談案件を事件のように見立て、相談者を救うための手掛かりを探すことに夢中になる。そして事件解決の糸口を見つけることにやりがいを感じている。これがＦＰという資格に惹かれた理由だ。

（月５万円で生活かぁ。残り５万円を貯金。年間60万円。年に２回賞与もあるようだし、１、２度帰国しても十分やりくりできるのでは？）

梅田はそんなことを感じながら話を進めた。

「海外で働くことは夢だったんですか？」

「いえ、特に憧れが強かったわけではないのですが、英語に興味があって」

「確かに、フィリピンは英語圏ですよね」

「そうなんです。ただ勉強するだけだとお金もかかるし。それなら現地で働いた方がいいかなと。そんなきっかけです。でも、母に反対されたんです。20代後半までずっと母と２人、実家暮らしで、母は私がいなくなることがただ寂しかったようで」

藤野は一段と早口になった。よっぽど母親を説得するのに苦労したのであろう。

「うちの母、いまだに携帯電話も持っていないアナログ人間なんですよ。珍しいですよね。それに、超が付くほど頑固なんです」

「じゃ、セブからの連絡は国際電話なんですか?」

「そうなんです。電話代も高くなるので、今は月に数回程度しか連絡していません。LINEとかスカイプとか、そういうのを使ってくれると助かるのですが…」

こんな会話も重要である。相談者の藤野はおそらく独身で、父親は早くに亡くなったのか、はたまた離婚したのか。情報が必要であれば質問しなければならないが、できる限りこういったことについては「察する」ということも重要だ。

さらに藤野は続けた。

「それで母から条件が出て…」

「その条件とは?」

これは必要だととっさに感じ、すぐに質問をした。

「『海外で仕事をしている間も、きちんと自分で国民年金の保険料を払いなさい』と強く言われたんです」

藤野は、母親を説得した時のことを回顧しながら教えてくれた。その当時は、ちょうど政治家の年金未納問題が大きく取り上げられていた頃だった。

「あー、ありましたね。毎日テレビや新聞は〝未納〟の文字ばかりでしたね」

「そうなんです。だから母は過敏になって。日本に戻ってきても1円も年金がもらえなくなるって脅しのように」

「そうでしたか。それでは今も？」

「はい、口座振替にしているので、帰国のたびに銀行に預け入れをしているんです。今回も母から言われたんです。『払わなかったら未納だよ』って。もう口うるさくて」

梅田はここまで話を聞き出したところで、腕の時計に目をやった。あと30分。

「状況は分かりました。では、ここまでの話をまとめたいので、月々の支出を大まかに書き出しますね」

駆け出しＦＰでもなんとかなりそうだ。梅田はノートを広げ、藤野へ収支改善ポイントを伝える準備を整えた。

＊

「支出の内訳を確認しましたが、やはりこの国民年金の保険料が大きいですよね」

藤野の支払っている保険料は約[1]１万６０００円。手取りのおよそ15％以上を占めていた。ノートにその金額と割合を示しながら、梅田は続ける。

「そして、一つ指摘をさせてください。ここが重要なのですが、海外滞在中は国民年金の保険料

1　国民年金の保険料は「法定額17,000円（月額）×保険料改定率」で決まる。2020年度は16,540円、2021年度は16,610円である。

の納付義務はありません」

「え、そうなんですか?」

藤野は虚を突かれた表情になり、目をしばたたいた。

「海外滞在中の期間は、合算対象期間[2]またはカラ期間と言いまして、加入は任意なんです。もちろん、任意で加入しておくことで将来の年金額は増えますが、払わなかったからといって未納という扱いにはなりませんよ」

「そう言われれば…役所で同じようなことを言われたような。でも、セブ島で働くと決めた後、何かと手続きが多くて、よく分かっていませんでした」

「そうですよね。慣れないことばかりで大変だったでしょうね。ちなみに、将来、年金をもらうためには受給資格期間[3]が10年以上必要なのですが、海外にいて払っていない期間も、きちんとその受給資格期間に含めてもらえるんです。よって、セブ島に行く前に国内で納めた保険料や、今後、帰国して60歳までに払う保険料が無駄になることはありませんよ。もちろん、払う余裕があれば任意加入しておいた方がいいですが…」

そう言いながら梅田は、一定期間任意加入をして、きちんと保険料を納めた場合とそうではない場合の将来の年金額の違いを、簡単な計算事例を交えて説明した。

梅田が説明を終えると、藤野は「母に同じように説明してみます」と明るい表情で言った。

2　各国との社会保障協定により、海外で年金に加入した期間が日本国内の加入期間に通算される制度などがある。フィリピンとも協定を締結しているが、同協定については内容も複雑なため、今回本書では考慮していない。

「私も母も、今まで少し勘違いしていたんですね。ストレスや不安を感じながら将来のための保険料を払うよりも、まずは目先の貯蓄を優先する方向で考えます。このままじゃ孫の顔も見せられないし…」と藤野は少しはにかんだ。

その後はお茶を飲みながら、フィリピン経済の見通しについて意見を交わして盛り上がった。現場で働く藤野の意見は、ＦＰとしての見解と異なる点も多く、梅田にとってとても参考になった。藤野がこれから貯蓄体質になれば、フィリピンペソで貯蓄をしておくことのメリットやデメリット、日本円に換金する方法やタイミング等、気になることが増えてくるはずだ。現地でもできる長期的な積立投資を検討してもいいだろう。そんな話をしていたところで相談時間が終わろうとしていた。

「本当にありがとうございました。ぜひまた帰国した際に、資産運用の相談をさせてください。それと、母にも梅田さんの話をしておきますね。年金生活を上手に送る方法、きっと梅田さんならいろいろと教えてくれますよね」

そう言い残し、藤野はほっとした表情で空港へと向かった。

藤野を見送りながら、梅田もまた、無事に一仕事終えた安堵（あんど）の息をついた。

開業から１カ月、何度も冷や汗、脂汗をかいてきた。前職が内勤業務中心だった梅田は、営業

3　受給資格期間とは、「保険料納付済期間＋保険料免除期間＋合算対象期間」の合計のこと。この期間が10年以上あれば、65歳から老齢基礎年金と老齢厚生年金を受給することができる。

経験に加え、顧客と対峙（たいじ）する場数も圧倒的に少なかったのだ。それなのに「武士は食わねど高楊枝」がモットーで、専門家として堂々としなければならないと自分に課した。そんな梅田の気概が空回りし、難しい案件になるほど汗腺が騒ぐ。顧客にその動揺が伝わったこともあるだろう。ただ、今回は専門家らしく堂々と説明ができたはずだ。「母に紹介したい」が何よりの褒め言葉だった。

*

藤野の来所から2日後。この日もいつものように早めに昼食を取った梅田は、その足で書店に向かっていた。

「大学生向けにFP資格取得のための課外講座を開講したい」と、地元の私立大学から今朝メールが届いていたのだ。すぐに「ぜひ担当したい」と返信をした。まだ正式に決まったわけではないが、すっかりその気になり、「どんなカリキュラムにしようか？　どんな学生が受講するのだろうか？」と考え始めると落ち着かなかった。

新刊コーナーに行き、経済や金融の書籍をチェックするのがいつものコースだが、この日は一直線で資格関連のコーナーに向かった。ＦＰ資格関連の書籍を眺めながら、通信講座の無料パンフレットを手にしていた。

ＦＰ資格で学ぶ分野が細かく記載されているパンフレットは、梅田がＦＰの学習を始めた頃を思い出させた。

梅田がＦＰ資格の存在を知ったのは、大学生の時であった。証券投資論を研究するゼミに在籍し、担当教授から「ＦＰ資格でも取らないか？」と勧められた。その時の梅田の返答は、「ＦＰって、なんですか？」そんな素っ気ないものであった。これが初めて「ＦＰ」という単語を聞き、そして発した瞬間だった。

教授からＦＰ資格の概要を聞いた梅田は、すぐに大学内の売店で通信講座のパンフレットを手にした。「社会保険に金融に税金、そして不動産まで」と、一つ一つ記載されている用語に、「経済学部生が取るべき資格はこれだ！」と直感したのだ。

当時は書店で「ＦＰ」という文字を見つけることは難しく、大型書店でやっと数冊、関連書籍を手にすることができる程度であったが、今やどこの書店でも「ＦＰ」で一つのコーナーが設けられている。２００２年には国家資格[4]にもなり、今では就職に有利な資格として必ず上位にランクインするようになっている。

自分自身は未熟でも、保有している武器がどんどん性能を上げている気がして心強く、そして

4　国の法律に基づいて、個人の能力・知識が判定される資格。「職業能力開発促進法」に基づく国家検定であるファイナンシャル・プランニング技能検定は年３回（１・５・９月）実施されており、１級・２級・３級の３つの等級がある。

誇らしくもある。そんなことを考えながらいくつか通信講座のパンフレットをかき分けていると、本来隣のコーナーにあるはずの税理士講座のパンフレットが一部混ざっているのに気付いた。

「税理士かぁ…」


独立する前、梅田は「FPだけでは開業できない」と考え、いわゆるWライセンスを目指した時期もあった。FPの他に取るべき資格として、真っ先に浮かんだのが税理士資格であった。資格取得スクールに25万円支払い、税理士試験必須科目の簿記論を仕事帰りに週2回受講する。それ以外は自習室を使いFPの勉強も継続しながら、税理士合格を夢見て努力を続けていた。「FP&税理士事務所。どんな屋号にしよう?」胸の高鳴りを感じながら授業を受けるものの、一日仕事をした後の3時間の授業。睡魔に襲われるときもあり、そんな時は、「あと何年、こういうことを続けるのか?」と自分自身のライフプランに懐疑的になった。

また、講師の話が一切耳に入ってこないときもあった。開いたノートにFP事務所のホームページのイメージ図を描くことに夢中になっていたのだ。

「ここをクリックすると業務内容を見ることができて、ここでマネーコラムを読めるようにしておくといいな――」

そんな日は一切眠くならず、むしろ気持ちが高まり、帰宅後もなかなか寝付けなかった。

国家資格であり、業務独占資格[5]でもある税理士。社会的信頼度も高い。ただ、自分も税理士を名乗るのであれば、既にあまたの税理士が活動している中に割って入っていかなければならない。一方、ＦＰには独占業務はない。でも言い換えれば、アイデア次第でなんでもできるのではないか？　他の資格に向き合ったからこそ、梅田はＦＰへの想いを再認識することになった。

そして梅田は決心した。講座受講をやめることを担当講師に伝えた。苦笑いをして「分かりました」と言う講師は、梅田と年齢が同じか、もしかすると年下と思われた。税理士として全国でも有名な資格スクールの教壇に立っている講師と、講座の途中で投げ出す自分とのギャップに、梅田は一刻も早くその場を全力で立ち去りたかった。そして、その勢いのまま、ＦＰとして開業するに至ったのだ。

ふと顔を上げると、昼食後のサラリーマンでにぎわっていた書店内には、いつの間にか梅田と数人の客しか残っていなかった。昔の自分に思いをはせるうちに随分と長居をしてしまったらしい。

「税理士と同じように、国家資格としてのＦＰ技能士のステータスも高めていきたい」

しばし初心に戻ったこともあり、勝手に使命感のようなものを抱きながら、梅田は書店を後にした。

5　その資格がなければ携わることができない業務（独占業務）が与えられている資格。税理士の場合、税務代理、税務書類の作成、税務相談が独占業務に当たる。

事務所に戻ると13時を回っていた。まだまだ昼間は暑い。エアコンをつけっぱなしにしていたおかげで事務所内は涼しかった。アイスコーヒーをグラスに入れ、渇いた喉をゆっくりと潤しながらチェアに腰を掛けた。

午後からこれといってやらなければならない仕事はない。パソコンの前で気になる記事やニュースを読みながら、時間だけが過ぎていく日もあるが、この日は先ほど抱いた使命感からか、すぐにメールチェックを始めた。すると、藤野からメールが届いていた。

「先日はお忙しい中、また、私が出国間際の限られた時間の中、的確なアドバイスを下さり、ありがとうございました」

丁寧な書き出しに梅田は恐縮した。こんな開業間もないFPを頼ってくれて、しかもお礼のメールまで。一刻も早く返信したい気持ちに駆られながら、メールの続きに目を通した。藤野の母が役所に行き、国民年金の任意加入をやめる手続き[6]を行ったことも書いてあった。

FPアドバイスは、その後相談者がそれを実行するかどうかが重要である。実際に手続きを母に依頼し、年金制度を詳しく調べる藤野の姿が目に浮かび、FPとしての喜びとやりがいを、梅田は改めてかみ締めていた。

＊

6　本人が海外にいる場合、国内にいる協力者を通して役所の保険年金課に申し出れば、任意加入をやめることができる。

「いつでもサポートしますので、また何かあれば連絡してくださいね」そう藤野にメールを返信していると、新しくメールが1通届いているのが確認できた。

先ほどの私立大学からで、課外講座を正式に依頼したいという内容であった。

「よしっ！」と梅田は思わず、右手を上げて小さくガッツポーズをした。

FP相談を通して、一人の相談者の年金知識を高めることができた。そしてFP講座を通して多くの学生の金融リテラシー[7]を高めることができるかもしれない。日本人の金融リテラシーを高めることは国として喫緊の課題であり、社会が抱えるさまざまな問題解決の一助になると梅田は確信している。

「FPとしてやっていく」という自分の決断は、決して間違いではなかった。これからどんな日々が待っているのか楽しみで仕方ない。きっと今やっていることは、これからゆっくり実っていくはずだ。

「よし、ビラ配りに行くか」

梅田は軽快に事務所を飛び出していった。

7　お金の知識や判断力のこと。日本人の金融リテラシーは、先進国の中では比較的低いといわれている。

FP
うめちゃんの
つぶやき

年金受給資格期間は10年！

払わなくてもよい国民年金の保険料を払っていたことで、藤野さんは海外生活での貯蓄が厳しくなっていましたね。

老後の年金は原則65歳から受給できますが、その要件として受給資格期間が10年以上必要となります。２０１７年７月までは25年でしたが、社会保障・税一体改革において10年に短縮され、以前より老後の年金が受給しやすくなりました。これは実際に保険料を納めた期間のみならず、20歳以上の大学生などが「学生納付特例制度」で納付を猶予された期間や、自営業者が所得の低いときに納付を免除された期間なども含めることができます。

藤野さんのお母さんは、海外滞在中も保険料を払わないと、受給資格期間に含まれないと勘違いしていたようですが、本文中で指摘したように、払っていなくてもこの期間には含まれるのです。この受給「資格」の考え方が藤野さんの「死角」になっていたのです！

もしかすると、藤野さんのお母さんは勘違いではなく、正しく理解していたのかもしれませんね。任意加入期間に保険料を払えば、老後の年金額はその分増えるので、娘さんにしっかりと老後に備えてほしいという思いから、そんなアドバイスをしたのかもしれません。それとも、セブ島でなかなか貯金できないから帰国するというように藤野さんを仕向けたかったのかも？　もしそうであれば、私が巧妙なわなから藤野さんを助け出したことになります！

なお、老齢基礎年金を満額受給するためには、原則20歳から60歳までの40年間、国民年金保険料を納付する必要があります。藤野さんは今回、任意加入期間に納めないという選択をしたため、将来満額受給できなくなります。このような場合、一定の条件を満たした上で、原則として60歳から5年間、国民年金に任意加入することで、年金額を増やすことができますよ。

第1話では私のＦＰへの熱い想いを回想する場面もありましたが、この熱意で第2話以降、次々と起きるトラブルに立ち向かっていきます。ぜひ私の奮闘ぶりを読みながら、お金の知識も身に付けてくださいね。

第２話

銀行仲間のピンチ！　切り抜ける方法を探れ

梅田は夕方から落ち着きなく過ごしていた。夜、久しぶりに銀行同期入行の佐々木康夫と会うことになっていたのだ。

駅前で待ち合わせをし、勤務時代によく一緒に行っていた居酒屋「三平」に入った。活魚が安く食べられるお店で、いつも満席だ。今日は佐々木が予約してくれていた。

佐々木は常に成績トップでやり手の営業社員だ。投資信託を中心にかなりの販売実績がある。生命保険も一時払い商品などを好んで販売しているが、一方で、自動車や火災といった損害保険には少し苦手意識がある。その損害保険について、梅田に聞きたいことがあるとのことで、佐々木から飲みに行こうと誘われた。

「この前、お客さんの息子さんが、マンションの駐車場で車に石をぶつけてしまってさ…」

佐々木は、おしぼりで手を拭きながら梅田に話し始めた。

「で、その車の持ち主がお客さんのお隣さんで。もともと関係が良くなかったみたいで、今回の弁償どころか、子どもが騒がしいとか、いろいろけちをつけてきているって」

佐々木は社内で常に頼られる存在であり、なかなかこういったことを話せる相手がいない。しかし、同期の梅田は自分の苦手な分野を気兼ねなく話せる貴重な存在だった。

もちろん梅田も、銀行を辞めた今、佐々木との情報交換は有益であると感じている。実のところ、すっかり仕事帰りに同僚と飲みに行く機会がなくなり寂しさを感じていたため、この日を数日前から楽しみにしていた。

「で、おまえはお客さんになんて？」

カウンター越しに大将の手際よい包丁さばきを見ながら、梅田は尋ねた。

「車を運転中なら自動車保険の補償範囲に該当するけど、この場合は難しいだろ。『他に何かいい方法がないか調べてみます』って今のところ伝えてる」

「これは損保の基本の範囲。難しくないよ。個賠でなんとかなるだろ」

「個賠って？」

「個人賠償責任保険のこと。日常生活でそうやって物を壊したり、他人にけがをさせたりしたときの保険。自転車事故も対象になるから、個人賠償責任保険に興味を持つ人は最近増えているよ」

梅田は得意満面の語り口で佐々木に伝えた。

「個賠は単品商品では今ほとんど販売されていないけど、自動車保険や火災保険に特約として付いているケースが多い。それから幼稚園などで加入する子どもの保険でも個賠が付いている。クレジットカードに付帯されていることもあるし、そうやってお客さんに案内してみたらいいよ」

「そっか、勉強不足だった。そういう分野、本当に大の苦手で。さすが、梅田先生！」

佐々木の言葉に気分を良くした梅田は、2杯目の生ビールを一気に飲み干して続けた。

「それと、個賠は被保険者とその家族が対象になり、1億とか無制限とか、大きな補償が付いている。複数の保険に特約として付けている人も多いけど、あまり意味がないから、一つだけ残して解約すれば、保険料の節約にもつながる。ちなみに、保険会社や商品によって示談交渉をしてくれるかどうかの違いがあるから、できれば示談交渉ありのタイプを残しておいた方がいい。だって、こうやってもめたときに、保険会社に丸投げできた方がいいだろ」

一気に梅田は捲し立てた。

「そこまで教えてあげればお客さん喜ぶな。いろいろ面倒なことになって、少し気落ちしていたから。いやー、俺も勉強になったよ。今日はここ、おごるよ。お客さんには明日電話する。よし、もう一軒行こうか！」

次の日、梅田の元に佐々木から電話があった。

（お礼の電話かな？）

そう思いながら梅田が携帯を取ると、佐々木から思いも寄らぬ一言を言われた。

「朝、お客さんに電話して、保険の契約内容を確認するよう伝えて、さっき折り返しがあったんだけど…、どれも個人賠償責任特約が付いてなかったらしい」

「えっ、一つも付いてないのか？」

梅田は何度かこのような対応をしてきたが、個人賠償責任特約が付いていないというケースに遭遇したことはなかった。梅田にとっては想定外だった。

「修理代、結構かかるみたいで。お客さん、落ち込んでいたよ」

佐々木も落胆していた。

佐々木から梅田のアドバイスを聞いた顧客は、すっかり補償してもらえるという気になっていたらしい。その落胆度合いを想像すると、梅田は気が気でなかった。佐々木の顧客のためにも、そして佐々木のためにも何かいい方法はないだろうか？　頭の中では数少ない今までのＦＰ相談事例を詳細に思い出していた。

「一つでも付いていればいいのに。こんなことがあるなんて。もう一度話を整理させてくれ」

梅田は佐々木から、子どもが車を傷つけた時の状況を再度尋ねる。

「マンションかぁ…。もしかしたら…」

わずかな望みを懸けて、梅田は佐々木に説明し始めた。

梅田が思い付いたのは、マンション管理組合の火災保険だった。

マンションは専有部分と共有部分に分かれるが、専有部分は当然、所有者がそれぞれ火災保険に加入することになる。一方、エレベーターや集会場などの共有部分は管理組合が加入するのが一般的だ。その管理組合の火災保険に個人賠償責任特約[1]が付帯していないかどうか、調べてみる価値はある。そう佐々木に助言した。

数日後、梅田の元に佐々木から再度電話があった。例の顧客のトラブルに関する結果報告だろう。一度想定外のことが起こったこともあり、梅田は少し緊張しながら通話ボタンを押した。

「諦めないで良かった」電話口の佐々木の声はとても朗らかだった。

佐々木は顧客に、梅田の言葉をそのまま伝えた。すると、梅田の予想通り、顧客のマンション管理組合の火災保険に個人賠償責任特約が付いていることが分かった。そして、保険会社から、「当該特約はマンション全ての世帯主とその家族が対象となりますので、今回の駐車場でのお子さんのトラブルも、当社でお支払いの対象になります」と回答を得られたとのことだった。

「自分では管理組合の保険なんて、到底想像もできなかった。本当にありがとう。お客さんもこれを機に生命保険と損害保険を全部見直したいと言ってくれて。早速、あさって、訪問することになったよ」電話越しの声から、明らかに佐々木が高ぶっているのが分かった。

1　マンションの管理組合の場合、正式には「個人賠償責任特約包括契約に関する特約」と呼ばれる。入居者間のトラブルに備えて加入する組合もある。

「また、三平で一杯ごちそうさせてくれ！」

電話を切り、通話時間を見ると40分を超えていた。自分のアドバイスによって、同期の佐々木の役に立つことができた喜びから、通話を終えた後も梅田の興奮はなかなか収まらなかった。

＊

個賠の一件以降、佐々木と頻繁にやりとりするようになり、梅田は古巣である博多銀行とも良好な関係を保っていた。先日は、元上司の古城と直接会って、お客様向けセミナーや社内研修の講師を担当させてほしいという提案もできた。

朝、メールをチェックすると、古城から、セミナーの見積書を送ってくれという内容のメールが届いていた。

「古城次長、ありがとうございます」

どうしても梅田は、「古城次長」という呼び方を変えることができないでいた。決まって「俺はおまえの次長じゃない」と笑顔で返してくれる古城とのやりとりが、一人で仕事をすることが多い梅田にとって一服の清涼剤となっていた。

数日後、梅田は見積書を持ち、博多銀行本社ビルを訪ねていた。

応接室に通されている時、梅田は荒巻タカシを見掛けた。荒巻の入行当時、教育係として彼を指導していたのが梅田であった。初めての後輩とあって、張り切って指導したことが随分前のことのように感じられた。

「次長、ちょっと荒巻と話したいのですが、いいですか？」

古城に見積書を渡し、一通り打ち合わせを終えた後、梅田はそう申し出た。古城は応接室にある内線電話を使って荒巻を呼び出してくれた。

「195」

古城が押した内線番号は、梅田が覚えていた荒巻のそれとは違っていた。

「失礼します」

何も知らない荒巻が応接室に入ってきた。梅田が会社を辞めて以来なので、約9カ月ぶりの再会だ。

「タカシ、久しぶり。この4月から2年目だな。頑張ってる？」

荒巻は昨年度入社し、研修期間中の3カ月間、梅田の下で学んだ。その後も梅田が退職するまでほとんどの時間を共に過ごしていたこともあり、お互い下の名前で呼び合うほどの関係になっていた。梅田が退職すると決めた際、一番寂しがったのがこの荒巻である。

「真一さん！　え、なぜここに？　相変わらず元気そうですね！」

古城が離席した後、２人はしばし旧交を温めることになった。

荒巻は4月に同じ本社ビル内の営業店に異動したばかりで、ちょうど営業という大きな壁にぶつかっているようだった。荒巻は相変わらずの細い声で胸の内を話し始めた。

「異動になってもうすぐ1カ月。今は引き継いだお客さんにあいさつ回りをしているところですが、自分がコンサル営業できるかどうか不安で」

博多銀行は「ノルマ営業」からの脱却を目指し、「コンサル営業の実践」を当面の課題として掲げていた。

「タカシなら大丈夫。ちょっと声が小さいけど」

そうちゃかす梅田に、荒巻は全文英語で書かれた書類を見せた。

「僕が引き継ぐお客さん、富裕層ばっかりなんですよ。自分とは別世界で、どんどん難しいことを要求されそうで、不安なんです。この前も、長年うちと取引のあるお客さんから、これを読んでどう対応すべきか教えてくれって」

いきなり背負うことになった荷物があまりに重過ぎる。そう言わんばかりの荒巻から渡されたた英文に、梅田は目を通していた。

「顧客名が伏せてある。安心したよ。一応、俺は外部の人間だからね。昨年の教育担当が良かったのかな？」

調子を変えることなく、梅田は荒巻に接していた。英文にざっと目を通す程度だったが、内容はなんとなく理解できた。

「これ、ペイオフ[2]制度が変わるという案内だな。日本円換算で7000万円まで保証するというA国政府の現行ルールが、一気に1500万円まで下がる。しかも変わるのは来月からという。日本では考えられないような話だけどね」

梅田が要点を整理すると、荒巻は梅田に尊敬のまなざしを向けた。

「真一さん、さすがですね。サラッと読んでそこまで分かるなんて」

海外赴任の経験がある人は現地で銀行口座を作り、日本に帰国してからも口座を閉鎖せず、預けたままというケースも多い。またその逆に、日本国内だけに資産を置いていることにリスクを感じ、海外へ一部資産を移転したいという富裕層もいる。

おそらく今回もどちらかのケースであろう。荒巻の話によると、7000万円程度預けているということから、ペイオフの範囲内で当該国に資産移転したのかもしれない。

2　金融機関が破綻した場合の破綻処理方式の一つ。

実は、梅田も銀行口座を開設するために海外に出向いた経験があった。香港やシンガポールといった、日本から比較的近く、金融サービスが充実している国や地域に、銀行口座を開設する日本人が多いという情報に何度も接していたのだ。

「実践あるのみ」というタイプの梅田は、とにかく自分自身で経験してみるということを大切にしている。そのため、銀行口座開設に必要な最低限の英会話を勉強し、退職前の有給休暇消化期間に香港へと出向いたのである。

この経験をホームページやブログに記していたこともあり、海外銀行口座を開設したいという人や、既に海外に口座を持っているという人からの相談を受けることにつながった。荒巻の顧客のような相談も、梅田は過去に受けたことがあり、書類に記載されている通貨や数字には見覚えがあった。そして今回、荒巻にそういった相談ケースがあることを伝えながら、面目を保つことができたのである。

「資産家は、数億、数十億と持っていればいるほど、リスクには敏感になる。いつ金融不安に直面してもいいように、国内外、さまざまなアセットクラスを用いて資産を分散する傾向にあるよ」

梅田は得意げに顧客の傾向まで分析してみせた。

「政府が保証してくれるからこそ、そのお客さんは７０００万円も預けていた。でもルールが変わり、保証範囲内が随分と低くなったから、少しでも早く資産を別の商品にシフトさせたいと思っている。そこでタカシの出番！」

荒巻はうなずきながらも、さえない表情を浮かべていた。

「そうなんです、お客さんから、その代わりの受け皿を提案してくれと言われまして…」

荒巻は、そこで一段とか細い声になった。

「同じ通貨の外貨定期の案内をしたんですが…」

梅田は荒巻が弱気になっている理由が分かった。

「それで、お客さんに怒られたとか？」

荒巻は小さくうなずいた。

日本の預金保険制度では、1000万円とその利息まで保護されるが、そもそも外貨定期を含めた外貨預金は預金保険制度の対象外である。

顧客がなぜ海外に預けていたのか？　どういう提案を期待しているのか？　外貨定期の提案をした荒巻は、そういった基本を押さえていなかったことになる。

「冷静に考えれば分かったことなのですが。同じ通貨というだけで預金保険制度の対象にならない外貨定期を案内してしまって…」

荒巻は、悔しそうにその時のことを思い出していた。

「仕方ないよ。タカシは2年目でも営業は1年生。それで、次の提案は？」

「こちらから連絡するのが怖くて。やっぱり、自分は営業に向いていないんですよ」

首を横に振って下を向く荒巻に、梅田は「外貨建て一時払いの保険は？」と尋ねた。

「いやぁ、あのタイプ、複雑な商品設計で、当局からいろいろと指摘も受けていますよね。ちょっと自分には勧められません」

選択肢にはならないと即答する荒巻に、梅田はさらに質問を重ねた。

「じゃ、一時払いの保険は、保険会社が倒産した場合、どうなるか説明できるか？　そういう着眼点を持つといいかもな」

外貨建て保険も通常の貯蓄性の保険と同様、生命保険契約者保護機構の対象となること。保険会社破綻時は、原則として責任準備金等の9割[3]まで保証されること。梅田は教育係だった頃を思い出すかのように、荒巻にゆっくり丁寧に説明を始めた。

「そうか、多くの人にとって、保険会社に万が一のことがあると、責任準備金の9割〝しか〟保証されない、となるところ、富裕層にしてみれば、責任準備金の9割〝も〟保護される商品ということになるんですね」

メモを取る荒巻のペンの動きを見ながら、梅田はさらに続けた。

「そう、資産家は、金融機関や保険会社の破綻が非常に確率の低い事象だと分かっていても、そ

3　高予定利率契約では、9割未満となる場合もある。また、特別勘定部分もその限りではない。

れに万全を期していたいものだ。増えるとか減るとかの前に、その通貨としての価値をどう守るかということを大切にしている人もいる」

梅田はそう言いながら応接室を見渡し、整然と並べられた保険商品のパンフレットの中から一つを手に取り話を続けた。

「確か、この商品は満期時に外貨建てで元本が保証されるよな？　それから、外貨で出金もできたはずだ。外国に預けていた通貨をできるだけ同じような状態で、長期的に守りたいという意味では、外貨建て保険も提案に値するかもしれないぞ」

「そういう視点でこの商品のことを見たことなかったです。なるほどー。確かに、外貨預金を全くしたことのない初心者とは違いますしね。一つの方法として提案したいと思います！」

＊

「それにしても、考えさせられますね。あの話」

「ん？　どの話？」

梅田がそろそろ切り上げようと手帳や電卓をバッグにしまっていると、荒巻がまた落ち着いたトーンで話し始めた。もう少しこの時間を続けたいと思っていた荒巻が、会話が途切れないようにとっさに発したようにも感じられた。

「真一さんのところに、海外銀行口座の相談がいくつかあるという話です。国内の地方銀行に勤める者としては、少し危機感を覚えます」

「あー、あれね」

梅田は応接ソファに深く座り直した。梅田もまた、この時間が名残惜しかった。

「日本の財政赤字に増税、そして少子高齢化とか、ネガティブな話題に触れる機会が多いからね。しかも、金利がこの状況では…」

梅田は米一粒を親指と人差し指で挟むようなしぐさをして、日本の長引く超低金利を原因の一つに挙げた。

「ただね、こういう話をお客さんに伝えてあげるといいと思うよ」

自分が海外口座を開設した時のことを思い出しながら、梅田は説明を続けた。

「預金保険制度以外にも、適用されるルールや手続きが何かと日本と異なるから注意が必要だということ。例えば、海外預金の利子に対する課税、説明できる？」

「あっ、気にしたこともありませんでした。分かりません…」

そう答える荒巻に梅田は、国内銀行の利子は源泉分離課税[4]の対象のため、20・315％が源泉徴収されて課税関係が終了するのに対して、海外では源泉徴収されないため、総合課税[5]の対象に

4　他の所得と分離して課税する方法を分離課税といい、源泉分離課税では、所得を支払う者（銀行等）が税金を徴収することで課税関係が終了する。
5　他の所得と合算して課税する方法を総合課税という。

なることを伝えた。

「総合課税は超過累進税率[6]だから、所得が多くなるほど税率が高くなる。海外投資に興味があるような人は所得が高い人が多い。アドバイスすると喜ばれるかもよ」

「なるほどー。ありがとうございます！」

熱心に聞き入る荒巻を見て、梅田はうれしくなった。

「それに、もし口座を閉鎖したいときはまた現地に行かないといけないかもしれないし、本人が亡くなった場合も考えないといけない」

「そっか、その際は遺族に大変な負担になりそうですね。国内の銀行口座でも亡くなった後の手続きは大変なのに、国が変わればなおさらですね」

海外への資産移転や投資のメリットを伝えながら、こういう注意点も添えることが顧客本位につながる。そして、もちろん国内銀行の利便性をアピールすることにもなる。荒巻は梅田の伝えたかったことを理解できたようだ。

「真一さん、ありがとうございます！　いろいろ聞けて参考になりました。それに元気が出てきました！」

荒巻にそうお礼を言われたが、元気が出たのは梅田も同じであった。

6　所得税の税率は５％から45％までの７段階に分かれており、課税所得金額が一定額以上になると超過した部分に高い税率が適用される仕組みである。

＊

荒巻にアドバイスをしたことが奏功したのかどうか分からないが、数日後、梅田の元に古城から正式にセミナー依頼が届いた。円満に退職させてもらい、こうやってその後も仕事ができる。梅田は古城に感謝しながら、開催日に向けてセミナー資料の準備にいそしんだ。

資産運用や住宅ローンといったテーマでのセミナーが多いが、一般の人にとって、とっつきにくい内容である。いかに興味を持ってもらい、有意義な時間を過ごしてもらえるか。いつも意識していることであるが、古巣からの依頼とあって、梅田はいつも以上に準備に余念がなかった。

迎えたセミナー当日。梅田は古城から依頼のあったテーマ「住宅購入前に知っておきたいマネーセミナー」の講師を担っていた。独立後、こういうイベントに登壇する機会が増え、梅田はすっかり人前で話すことに慣れていた。

司会者から紹介された後、梅田はセミナーのタイトルが表示されているスライドを操作しながら話し始めた。講師プロフィールのスライドには、今までのセミナー実績に加え、「趣味：マラソン」と記載されていた。

「42・195キロを走り切る上で、最も大事なポイントはどこだと思いますか？」

梅田は、自身が苦しそうにマラソンを走っている写真と、フルマラソンの道のりを描写したスライドまで用意し、得意げに披露している。

梅田の問い掛けに対して、「後半！」「40キロ過ぎてから」などと席の前の方で声が飛び交う。こんな参加者の反応も、梅田がセミナー業をやる上での楽しみの一つだった。

マネーセミナーがマラソンの話から始まったため、会場後方の関係者席に座る古城がけげんな顔を向けてきたが、梅田はそれに構わず慣れた口ぶりで話を続けた。

「私の数少ない自慢が、フルマラソンを3・5時間以内で走れることなんです。『サブ3・5』と言いまして、全市民ランナーの1割程度しかいないのですよ」

まだまだ梅田のマラソン話は止まらない。

「そんな私が、マラソンを完走する上で一番大事だと思っているのは、ココです」と梅田が指した指の先には、「スタート地点」と書いてあった。

「マラソンはスタートする時点で、そのレースがうまくいくかどうか、ほとんど決まっています。それまでの練習量、けがの有無、直前の炭水化物の摂取量など…、これ以上話すとマラソンセミナーになってしまいますので、そろそろ本題に入りますが、とにかくスタート前が肝心なんです」

そう断言しながら、梅田がマウスを1回クリックすると、スライドの「3・5時間」の表示から、小数点が消え、「時間」の代わりに「年」の1文字がアニメーションとともに浮き出てきた。

「35年？」

梅田の視界の端で、古城がニヤリと笑ったのが見えた。古城には梅田の意図が伝わったようだ。

「この35年は、多くの人が住宅ローンを返していく期間です。では、フルマラソン同様、長い長い35年間、ローンを返済する上で、一番重要なのはどこだと思いますか？」

スライドは、すっかり返済計画を表すモードに切り替わっていた。

会場からは既にクスクスと笑いが起きている。古城は、自ら声を上げようかと思ったがやめた。梅田が指名した20代夫婦の妻が、笑いながら「スタート地点」と答えた。

「その通りです！」

梅田も満足そうな笑みを浮かべていた。

住宅を購入する前、すなわち、ローンを組む前が一番重要。このようにセミナーに参加し、情報収集することが大切であると梅田は強調した。また、そういう意識の高い人が今回のセミナーに参加しているわけで、セミナー参加者は、住宅ローンを無事「完走」するための第一条件をクリアしたとばかりに、参加者の住宅購入を後押しするような発言もした。

梅田の「仕掛け」は大成功で、１時間のセミナーは大いに盛り上がった。これなら、終了後のアンケートも高い評価のはずだ。梅田には自信があった。

セミナー終了後、梅田は古城と机の上に伏せて置かれたアンケートを回収していた。古城に感想を聞こうと声を掛けようとした時、梅田は出口付近にいる50歳前後の男性に気付いた。

「これは、住宅購入前のセミナーというより、住宅ローンセミナーですよね？　ちょっと期待していた内容と違いました」

男性は、表情一つ変えず、淡々と言った。

確かに、無料セミナーの場合、主催企業の商品やサービスをアピールするという側面もあり、今回のセミナーをそれに当てはめると、住宅ローンということになる。セミナー参加者が住宅購入を一段と真剣に検討する機会となり、その流れで博多銀行の住宅ローンを検討してもらえれば。そういう狙いがないと言えばうそになる。

「私は借金が大嫌いなんです。住宅ローンも要は借金でしょ。住宅取得についての全般的な話が聞けると思い参加してみたものの、セミナーのほとんどがローンの返し方とか、変動金利と固定金利の違いとか。もうちょっとローンを組まないで買う人にも配慮してほしかったです」

男性の言葉に、古城と梅田の表情が一転した。確かにそれも一理ある。すかさず古城がフォローに入った。

「大変申し訳ございません。貴重なご意見ありがとうございます。次回以降そのようにしていきたいと思いますが、何分、住宅購入者のほとんどが住宅ローンを組まれますので、今回そのような内容となってしまいました」

「それなら、ローンセミナーと書けよ」

古城の対応は丁寧だったが、かえって火に油を注いでしまったようだ。男性の主張は、その後もしばらく続いた。

「クレームはファンになってもらう最大のチャンス」とは、古城が朝礼で部下によく言っていた言葉だ。古城が、反論したい気持ちを抑えながら、なんとか男性に納得してもらうきっかけを探っているのが、梅田には見て取れた。古城の手前、自分が男性に言い返すわけにもいかず、梅田も仕方なく言われるがまま聞いていた。

男性のクレームは容赦なく続いたが、聞いているうちに、梅田は言葉の端々から男性の気持ちが見えてくるのを感じた。どうやらこの男性は、住宅購入のためにお金を貯めたものの、一括で購入することをためらっているようだ。

話し方次第では流れが変わるかもしれない。防戦一方だった古城のそばで黙っていた梅田が口を開いた。

「もちろん、住宅ローンは借金です。できればローンに頼らず購入したいところですが、多くの人は住宅購入額を貯めるまでに相当な時間がかかります。あるいは、購入できるだけのお金が手元にあっても、それを一気に使ってしまうと、その後の生活に不安を感じることもあります。そういう際に、ローンが住宅購入のサポートをする位置付けになると日頃思っております」

男性の様子を探りながら、梅田は続けた。

「今回、ローンを中心にお伝えしてしまい、大変申し訳なかったのですが、FPの大きな役割の一つとして、将来のキャッシュフローを予測し、プランを作ることがあります。手元資金を住宅購入のために一括で使っても大丈夫なのか、具体的な試算を当行で、あっ、いえ、博多銀行さんのローン相談窓口で行うこともできます」

男性が手元資金を全て住宅購入に回すことに大きな不安を感じているという前提で、梅田は言った。その不安解消のために銀行を活用してほしい。そう強調したかったのだ。

つい「当行」と発しながら必死にフォローする梅田を見ながら、古城も続けた。

「当行のローン担当者は全員FPの有資格者です。ローンを組まないということも一つの選択肢として、住宅購入のサポートをさせていただいております」

梅田の勘は的中した。男性の口調はそこから少しずつ柔らかくなり、自身の経歴やこのセミナーに参加するまでの成り行きを話し始めた。上場会社勤務で、転勤族だったためマイホームを購入せず今に至ったが、老後のことなどを考え、夫婦2人で住める程度の物件を探しているということ。先日、条件に近い物件を見つけたばかりで、このセミナーに参加した後、不動産会社に再訪する予定にしていたことまで教えてくれた。

男性の資産では、諸費用まで全部負担するとなると、今ある貯蓄のほとんどを使ってしまうことになる。一人息子は大学生になったとはいえ、今まだ2年生で、親としてあと少し経済的に支援してあげたいという考えもあるようだ。

「よろしければ、これに懲りず、博多銀行のローン相談などご活用いただければと思います」

名刺を渡しながらそう締めくくり、梅田と古城はセミナー会場を後にする男性を見送った。

＊

数日後、その男性は博多銀行のローン相談窓口にいた。

「先日は失礼しました。名乗っていませんでしたね。村山と申します」

「村山様、こちらこそ申し訳ございませんでした。お越しいただき、ありがとうございます」

古城同席のもと、ローン担当ＦＰが、ローンを組んだ場合と組まない場合のキャッシュフロー表を作成できることを案内すると、村山はすぐに年収やおおよその生活費、そして金融資産残高と購入予定の物件額をためらうことなく伝えた。

すぐに担当ＦＰはパソコンに向かって入力する。出来上がった資料からは、村山がローンを組まずに現金で住宅を購入した場合、購入後5年程度は金融資産にほとんど余裕がない状況になることが明らかになった。

「この間に、息子が結婚するとか言い出したら大変だねー。ましてや、こんなときに死んでしまっては妻に家しか残せないよ」村山は苦笑いをしながら「ローンなしプラン」を眺めていた。

その後担当FPは、数パターンの「ローンありプラン」を示しながら、住宅ローンに団体信用生命保険[7]があること、対象住宅に居住後、原則10年間は住宅ローン控除という税額控除があることを説明した。それを聞きながら、古城も住宅ローン控除の具体的な効果を伝えた。

「住宅ローン控除では、住宅ローンの年末時点の残高に対して1％が減税されます。村山様は会社員のため、毎月税金が源泉徴収されているかと思いますが、例えば借り入れ初年度の年末時点の残高が3000万円でしたら、源泉徴収されている税額から30万円が戻ってくることになります。それが10年間続きますので、その減税効果も考慮しました」

村山の年収は約1000万円。かなり所得税と住民税を払っている。住宅ローン減税10年間の減税効果は非常に大きく、「ローンなし」も「ローンあり」も10年後の金融資産残高はほとんど変わらなかった。古城は最後に、場合によっては、将来的に退職金が入った際に繰上げ返済することも可能であることを付け加えた。

常にゆとりある金融資産残高で推移する「ローンありプラン」のグラフを見ながら、「ローンのイメージが変わりました」と村山は古城と担当FPに丁寧に告げた。

7　ローン契約者が亡くなった場合、住宅ローン残高の返済を肩代わりしてくれる保険のこと。通常、保険料はローン金利に含まれている。「団信」と呼ぶことが多い。

「正直まだ悩んでいますが、もし住宅ローンを組む際は、博多銀行さんにお願いできればと思っています。また連絡させてください」

古城からその後のやりとりについて報告を受け、梅田は胸をなで下ろした。

加えて、古城から「あのセミナーの後、ゆっくり話ができなかったが、すごくいいセミナーだったぞ」と評価してもらったことが何よりうれしかった。古城の下で働いていた時、褒められた記憶がほとんどなかったからだ。

充実感に浸り、つい、数年前にやめたたばこを吸いたい衝動に駆られた。刑事ドラマで、犯人を捕まえ人質を助けた後、サングラスをした刑事が一服する場面が、梅田は何より好きだった。

「さ、次はどんな『事件』かな。次の依頼があるまで、知識を整理しておこう」

ＦＰ試験の学習をしていた際に分野ごとにきれいにまとめた６冊のノートが、今は梅田の相談マニュアルになっている。損害保険、外貨預金に住宅ローン。梅田はデスクに向かい、今回の案件をそれぞれ一つずつマニュアルノートに追記した。

FPの守備範囲は広い！　なんでもお任せください！

古巣・博多銀行の同期に後輩、そして元上司のピンチを前に、私が活躍する様子が描かれていましたが、いかがでしたか？　古城次長に関しては、私のセミナーが発端で、顧客のクレームにつながったのですが（苦笑）。

ただ、同期・佐々木の件は見事でした。マンションの管理組合の保険を使うというアイデアが出てくるなんて（自画自賛！）。

しかし、どんなケースでも必ず今回のように全額補償されるとは限りません。状況にもよります。あまり大胆なことを言って落胆させてしまってはいけませんので！　ただ、トラブルの際に「保険で補償されるのでは？」と調べることは大切ですね。せっかく加入しているのですから。

近年では、対面ではなく、インターネットで保険に加入する人が増えています。割安な保険料などメリットもあるため、一つの選択肢にしてください。

ただし、このようにトラブルや事故などに遭遇した際、保険会社と契約者の間に入ってくれる人がいると心強いですね。銀行や保険会社の人の多くがＦＰ資格を取得しています。保険料を節約する方法や、より適したプランの提案も期待できます。そして何より困ったときに助けてくれる。そういう担当者に出会えるといいですね。

それから、タカシが担当していたお客様のように、海外の銀行口座に興味を持つ人も増えています。私の場合は香港で運良く口座を開設できましたが、国や地域によって、またそのときの状況によって変わるようです。海外に出向いたにもかかわらず銀行口座を開設できないということも想定されますので、注意してくださいね。

村山様のようにローンが嫌いな人は、「金利を負担するのがもったいない」と言うことがあります。ただし、現在の低金利を考慮すると、１年間で払った金利と減税効果がさほど変わらないことがあります。ローン減税期間の当初10年間（原則）は、「金利負担なくお金を借りることができる状態」と言っても過言ではありません。細かい試算をしてみたい方は、ぜひ最寄りの銀行やＦＰ事務所などに相談してみてくださいね。

第3話

なぜ？　高すぎる保険料

ＦＰ事務所経営も軌道に乗り、当初の不安な気持ちを忘れかけていた開業2年目、梅田は予想外の難局に突き当たった。国際的な大手金融グループの破綻を引き金として、世界規模の金融危機が発生したのである。

この事態は一気に先進国に飛び火し、日本・米国・欧州は足並みをそろえ、緊急利下げへと踏み切った。連鎖的に新興国も大ダメージを受け、連日のように目を覆いたくなるようなニュースが飛び込んできた。

梅田自身もまた厳しい経営状況に陥り、精神的にも追い込まれていた。国内の金融業界にも動揺が走ったことで、予定されていた年内の大きな講演や研修がいくつもキャンセルとなり、住宅購入や結婚を前にライフプランを作成したいという依頼もパタリと途絶えた。一方、開業以来付き合いのある顧客は、梅田のアドバイスで始めた資産運用で大きな評価損が生じてしまっている。

「私の運用、今後どうしたらいいですか？」

と、不安の溢れる声が電話越しに聞こえる。

「別に今の状況は梅田さんのせいじゃありませんから」

と逆に励まされ、涙腺が緩むこともあった。

梅田は古城の顔を思い浮かべ、「やっぱりあの時、辞めなければよかった」と、独立したことを後悔する日さえあった。

未曽有の事態を受け、世界中の株価は見たことのない勢いで下落していった。また、外国為替レートは安全資産と見なされた円が買われ、対ドル、ユーロをはじめ、ほとんど全ての通貨に対して円高が加速していった。


日本人はその約7割が元本割れの経験がないとされ、その他にも日本人が資産運用に保守的であるというデータは枚挙にいとまがない。そんな中、梅田がFP資格を取得し、銀行に入行したのは、長引く低金利を受けて、多くの人が資産運用について関心を持ち始めた頃であった。「自助努力」という表現が浸透していくのを、当時の梅田は肌で感じていた。

「何か自分も老後のこと、お金のことを真剣に考えなければならない」と考える人が増えていく中で、梅田はFP事務所を開業した。「貯蓄から投資へ」を旗印とした、国を挙げての政策もあり、各地でのマネーセミナーは活況だった。ＦＰ資格の知名度もどんどん上がり、梅田はその恩恵にあずかっていた。

「長期的に積極的な資産運用を行うことは重要です！」

声高に話す数カ月前の自分を振り返るだけで、その場から逃げ出したくなった。

既存顧客に対しては、「ドルコスト平均法[1]はこういうときに強く効果を発揮します。初心に立ち返って、老後資産の形成のために、積立は継続された方が…」と絞り出すのが精いっぱいであったが、そもそも運用にリスクは付きものであると、事あるごとに触れている。景気は循環する。悪いときもある。その悪いときに今まさに直面しているだけだ。「投資はギャンブルではない。一喜一憂しない方がよい」とアドバイスしたこともある。

「決して間違ったことは言っていない。長期的にどっしり構えておけばよい」という冷静な思考と、「今晩のＮＹ市場も荒れそうだ。大幅続落は避けてほしい」と、それとは矛盾する思惑が梅田の中でつばぜり合いを繰り返していた。

人に「しない方がよい」と言っていた一喜一憂を、今まさにしている自分。電車を降り、バスに乗り継ぎ、顧客先に向かうまで、梅田はこんなことばかりを考えていた。

＊

1　株式や投資信託などの価格変動がある金融商品を、定額で定期的に購入していく投資手法のことをいう。価格が低いときほど多くの株数（口数）を購入できるため、平均単価が下がりやすく、長期的に収益が期待しやすい。

涼しい風の吹く秋の夕暮れ、バスは県境にあるのどかな町に停まった。梅田を含め4名しかいない乗客の中で、そのバス停で降りるのは梅田だけであった。降りたバス停で待っている人もいない。

バス停からしばらく歩くと、「中森工務店」という年季の入った白い看板が目に入った。

「相談者はもっと大変な状況かもしれない。しっかりと切り替えなければ」

自宅兼工務店を確認し、約束の18時になるまで周辺をぶらぶらと散歩しながら、梅田は頭を切り替えることに集中した。

今回の金融危機によって、日本国内で最も大きな打撃を受けた業種の一つが建設業だった。郊外で一人親方として小さな工務店を営む中森工務店も、その影響を受けた企業の一つである。

依頼主は中森工務店店主の長男だった。長男は2年前に理系の大学を卒業し、就職を機に親元を離れ1人暮らしを始めた。ただ、今回の事態に見舞われてからというもの、毎週のように実家に戻り、父親の仕事の状況を気に掛けていたという。

中森工務店は、大きな仕事を受注した際は、その期間だけ数名の大工仲間に仕事を依頼し、納期に間に合わせる手法を採っていた。大工への日当やそれ以外の経費は先に支払うことになるが、売り上げは建物が完成した後に入ってくることもある。この場合、建設の途中で取引先が破綻ともなると、中森工務店が費用負担だけして、1円も回収できない事態が発生する。中森工務店は、今まさにそんな危機的状況に直面していた。


「こんにちは、梅田FPコンサルティングの梅田と申します」

対応してくれたのは長男だった。

「初めまして。私がメールをした中森憲司と申します」

客間に通されている時に、憲司の父も整えた身なりで現れた。

「父の晃です。後でゆっくり父の話を聞いてもらえませんか」

「かしこまりました。よろしくお願いします」

父親と息子、それぞれに目を配りながら、梅田はあいさつをした。

すると奥から、「わざわざこんな所まで、ありがとうございます」と一人前の寿司桶を持った女性が入ってきた。

「うちの母です」

憲司から紹介があり、一度座りかけた梅田は、また立ち上がってあいさつをした。

「夕食までですよね。よかったら召し上がってください」

晃、憲司、そして梅田とそれぞれに用意された寿司桶。

お茶や菓子を出してもらうことはよくあるが、時に食事を勧められることもある。

「どうぞどうぞ、召し上がってください」

晃から勧められるも、誰も箸を付けていない。どうすべきか戸惑いながらも、梅田は一番手前で取りやすいマグロに箸を伸ばした。

10貫あったにぎりが9貫、8貫と減っていくにつれ、話も進み、梅田は正座していた足を少し横に投げ出していた。結局2時間滞在し、帰り際には隣の畑で採れたという野菜までもらうなど、中森親子は終始手厚くもてなしてくれた。

食事をしながらメモを取るのははばかられた。忘れないように、梅田は帰りのバスの中で、今日晃から聞いた話を一通りメモにまとめた。

・中森工務店は前年から業績が悪化している
・今の状況が半年ほど続くと工務店の存続危機に陥る
・体が元気なうちは工務店を続けたい
・自宅もあり、一人息子の憲司も就職したので、今後は夫婦2人で人並みの生活ができればよい
・月に1万円でもいいので家計を楽にしたい

・昨年の所得が少なかったため、国民年金は既に全額免除となっている

こんな窮境の中、寿司まで取って迎えてくれた。なんとか力になりたい。梅田はそう感じたが、細かいプランニングを受注するとなるとそれなりの費用を負担してもらわなければならない。そこで梅田は、中森工務店を訪れた翌日、憲司に一つ提案をした。

「憲司さん、この1年分でいいので、中森家のキャッシュフロー表を作ってもらえませんか？それを送ってもらって、再度私からアドバイスさせてください」

梅田も厳しい経営状況だったが、相談料に加えてプランニング料まで請求する気にはなれなかった。なんとか相談料のみで対応し、かつ、具体的な分析をするために、憲司に打診したのだ。

憲司はすぐに快諾してくれた。理系でエンジニアをやっているという憲司には、キャッシュフロー表の作成はさほど負担にはならないだろう。むしろ、自分には作れないような立派な資料が届くのではないかと梅田は期待もしていた。

*

憲司からメールが届くまで3日とかからなかった。梅田の期待通り、憲司の資料には、昨年分

の収支が見やすくまとめられている。そもそもＦＰに依頼をしようと両親に提案したのも憲司だ。日頃から家計管理などの意識が高いのかもしれない。

一つ一つ見ていく。一切無駄がない。丁重に対応してくれた中森夫妻の顔が浮かぶ。決して無駄遣いせず、それでいて必死に工務店を経営しているさまが、数字からも読み取れた。

ただ、何度か見直すと、少し違和感を覚える箇所がいくつかあった。いや、実のところ、自分の気分や見るタイミング次第で、違和感があったり、なかったり。つまり、どれも問題解決の決定打に欠けるものだった。

ここまでしか読み取れないのは、自身自身が未熟だからなのか。

そんな思いを振り払うように、梅田は再度細かい数値を確認していた。

複数のセルを結合した大項目に、「社会保険料」と入力されている。その次の階層は「年金」「健康保険」と２段に分かれていて、見やすい。

「国民年金は免除されているので、保険料が０円。問題ないな」

先日の帰りのバスで書いたメモの内容と比較しながら、支出項目をつぶさに見ていく。

光熱費や食費といった項目をアドバイスするのも重要であるが、一般の生活者が見落としがちな社会保険料や税金から攻めていくというのが、梅田のスタイルであった。

「それから、固定資産税が年間20万円…」

梅田は、中森工務店を訪問した際の町の様子、そして自宅の外観を思い出していた。

固定資産税は、1月1日時点の土地や建物等の所有者に課される市町村税である。3年に1回見直される土地や建物の評価額に対して1・4％が税額となるが、土地の坪単価や建物の築年数から察して、この金額が適当なのかどうか、梅田はすぐに計算できずにいた。

「固定資産税評価額は、公示価格のおよそ7割だったな」

自分の知識レベルでは対応できない事案に次から次へと直面し、いら立ちを覚えながらも、できる限り自分で概算しようと試みていた。

知り合いの不動産鑑定士に聞けば、すぐに固定資産税の目安を教えてもらえるかもしれない。でも、それでは自分のためにはならないと考えたからだ。

「住宅用地は200㎡まで6分の1で評価できるから、さらに評価額が下がるし、あれくらいの広さであれば…」

梅田は丁寧に基本を確認しながら概算した。これなら、固定資産税はおそらく年間10万円を超えないのでは？　ということは、中森晃はもう一つ物件を持っているのではないだろうか？　こんな結論に達した。

信頼を損なうような見当違いの質問をするわけにはいかないため、ここまで調べたところで、梅田は憲司に一度連絡を入れた。すると、憲司の祖父が亡くなった際に、祖父が居住していた不動産を晃が相続したということが分かった。家屋が老朽化しており、いわゆる空き家の状態で放置されているということであった。

梅田は、自分の推測通りだったことに満足しながらも、そもそもこういう重要なことは、訪問時にヒアリングしておくべきだったと反省も忘れなかった。

「売却を検討されたことはなかったのですか？」

その物件を売却できれば、中森夫妻の今後の生活は大きく改善できると思い、梅田は憲司に尋ねた。

「固定資産税を払い続けるのはもったいないので、数年前に売却を検討したことがあると父が言っていました。ただ、解体費用や売却にかかる税金もかなり払わないといけないみたいで」

不動産を売却する際、取得費[2]と譲渡にかかる費用に対して売却額の方が高い場合、譲渡所得として税金がかかる。

「人に貸すことも考えたのですが、その場合も改修工事に結構お金がかかるので、いろいろ悩んでいたら、何もできずに今に至ったようで…」

空き家は社会問題となっており、行政や税制上などでさまざまな制度が設けられている。早く対応するに越したことはない。

「今、空き家の譲渡は、特例として一定の条件を満たした場合、売却額から取得費と譲渡に関わ

2　相続した場合などは取得価額が不明な場合も多く、その場合は売却代金の５％が取得費と見なされる（概算取得費）。

る費用を差し引いた額、つまり、税務上もうけと見なされる額が３０００万円以内であれば、税金はかからないようになっていますよ」

梅田は「被相続人の居住用財産（空き家）に係る譲渡所得の特別控除の特例」について、憲司に説明をした。

「この特例を受ける条件の一つに、建築日があります。１９８１年5月31日以前に建築された物件が対象になるんです。まずは建築した時期を確認してみてください」

ただ、建築日以外にも条件があるため、その点は税務署で確認しながら、特別控除が使える間[3]に売却することを再検討してほしいと伝え、梅田は電話を切った。

１９８１年（昭和56年）６月から新しい耐震基準が適用されたため、それ以前に建てられている空き家は旧耐震基準となり、倒壊リスクなどが高い。そういう空き家を減らすためにも特別控除が認められているのだ。こういった制度を分かりやすく伝えることもＦＰの役割であり、社会が直面する問題解決に一役買っている気がして充実感に浸ることがある。

ただ、今回の梅田はまだそんな気分にはなれなかった。何か見落としている気がしてならなかった。

＊

3　当初は2019年末までの譲渡が特例の対象であったが、2023年12月末までに延長された。

気分転換に、梅田は事務所周辺を散歩することにした。外はすっかり暗くなっている。何度か仕事後に立ち寄ったことのある居酒屋は客がまばらだ。いつも仕事帰りのサラリーマンでにぎわっていたが、今回の金融危機で外食を控える人が増えている。この状況が長引けば、外食産業にも大きな痛手となる。中には既に閉店を決める店も出始めているようだ。

毎年、金融中央広報委員会が行っている家計に関する調査によると、2人以上の世帯のうち、約2割は貯蓄ができていない。廃業や失業ですぐに生活が立ち行かなくなる人も多いだろう。FPとして、一人でも多くの人がそういう状況に陥らないように、なんとか貢献したい。そんなことを考えながら梅田は夜道を歩いていた。

事務所に戻った梅田は、改めて中森家の資料を俯瞰してみた。一つ一つ費用項目を細かく見ることも重要だが、それぞれのつながりを把握することができず、かえって大切なポイントを見落とすことが今までもあった。全体を大まかに確認することで見えてくることもある。

やはり、当初から気になっていた「社会保険料」のところで目が止まった。

「あれ、国民年金の保険料が0円なのに、健康保険料は2万円を超えている」

確かに、国民年金の保険料は免除されたということは聞いていた。当然、国民皆保険[4]のため、

4　原則的に全ての国民が公的医療保険に加入しなければならないという制度のこと。一人一人の医療費の負担を軽減し、全ての国民が安心して医療を受けられることを目的として、日本ではこのような制度が定められている。

健康保険料は一定額が発生する。だが、その数字の妥当性までは追究していなかった。

国民年金を全額免除できる所得水準であるにもかかわらず、健康保険料のこの金額。中森夫妻は自営業だから、国民健康保険になる。

「確かに国保は高いけど、でもこんなにも…」

梅田にとって国民健康保険は、旬のテーマだった。銀行員時代は健康保険組合に加入し、家族分も被扶養者[5]として健康保険証をもらっていた。退職後の現在は、任意継続被保険者として組合の保険を続けている。役所に出向き、国民健康保険料を試算してもらったが、明らかに任意継続の方が保険料も安く有利だったためだ。

会社員を対象にした健康保険制度に対して、自営業等を対象にした国民健康保険には「被扶養者」という概念がない。所得に応じて、そして家族の人数に応じて、「所得割」「均等割」「平等割」の3つの項目で保険料を計算する。家族の人数が多いほど保険料が上がることなど、梅田は退職して初めて知った。FPのテキストを読み直すと書いてはあったが、そこまで理解できていなかったのだ。

よって、会社員の健康保険制度よりも自営業者の国民健康保険料の方が高い印象があったが、国民健康保険は最大7割の減額措置がある。所得が低い場合、「均等割」や「平等割」が7割軽減されることによって、月々の保険料がわずか3000円ほどになることがあることも把握して

5　「被扶養者」とは「被保険者」に養われている者のことを指し、通常は世帯主の配偶者や子どもが対象となる。

いた。

「なぜ2万円以上も？　これは必ず何かある」

すっかりいつもの刑事気取りで、中森夫妻が住んでいる市のホームページや国民健康保険に関する資料を注意深く読み取っていった。

市のホームページには、家族全員の年齢とそれぞれの所得を入力することで国民健康保険料を試算できるページがある。そこに中森夫妻の情報を入力するが、何度計算しても2万円は超えない。それどころか、やはり減額措置が適用され、試算結果は4000円を下回っていた。

「なぜだろう？」

今回の「事件」はなかなか解決策が見いだせない。そこで、兄貴分として慕っている社会保険労務士の田嶋に連絡をしてみた。

「もしもし、田嶋さん、もう飲んでますか？　まだ営業中なら、タダ働きしてもらいたいのですが！」

そんな軽口をたたける間柄である。

田嶋とは、士業[6]の勉強会サークルで知り合った。「FPは各種資格業の分野を横断的に網羅しているイメージなんです。ぜひ私たちのグループに入って、一緒に活動しませんか？」そう勉強会のリーダーでもある弁護士に誘われたのが、参加するきっかけとなった。税理士・弁護士・社

6　税理士や弁護士などの資格業のこと。「しぎょう」、または武士の士を連想させるため、「サムライ業」と呼ばれることもある。

会保険労務士に不動産鑑定士。多彩な顔触れがそろった勉強会に参加するたびに、梅田も気付きがあり、刺激にもなった。

田嶋はそのメンバーの中で、梅田と一番年齢が近かった。気が合い、分からないことがあったら気兼ねなく質問ができる存在で、梅田にとって心強い。

「どうしようかな、梅田さんはいつも難しいこと聞くからなぁ。もう飲んでることにしようかなー」

「そんなこと言わず、もし知っていたら教えてください！　一人親方の国民健康保険なんですが…」

こんな軽いノリで始まった電話であったが、今回は田嶋に助けられることになる。


田嶋のような各種専門家はもちろん、博多銀行の元上司・古城をはじめ、同期の佐々木や後輩の荒巻、そして梅田と同じようにＦＰとして活動する仲間など、人とのつながりが梅田にとって欠かせない。

税制をはじめ、ＦＰ関連の制度は毎年のように改正される。投資信託や保険商品もトレンドがあり、次から次へと新商品が販売される。梅田一人でそれらを常に把握しておくのは非常に困難であるが、それぞれの分野について、最前線で活動している仲間にこうやって気軽に聞くことができる環境はありがたかった。

ただ、誰とでもそういう間柄になれるとは限らない。例えば飲食店の場合、目の前に食事を提供するため、その対価を当然払うという感覚がある。一方、ＦＰや士業の場合、それぞれの知識や経験が商品となる。本来であれば１本の電話質問でさえ報酬が発生してもおかしくない中で、気軽に質問するためには、ギブ&テイクが前提となる。お互い困っているときに助け合い、ましてや軽口までたたける関係を築くのは、決して容易ではない。

田嶋は仕事が立て込んでいると言ったが、そう感じさせないほど快く対応してくれた。特に今回の質問は、建設関係の関与先の多い田嶋にとっては、それほど難しい質問ではなかったようだ。

「田嶋さん、さすがー。それだ。そういうことか！　ありがとうございます！」

礼を言い、田嶋との電話を切るやいなや、梅田は携帯電話の発信ボタンを押していた。

＊

「憲司さん、夜分に度々すみません、どうしても早く伝えたくて。今お時間よろしいでしょうか？」

いつもは19時を過ぎると顧客に電話をしないという梅田なりのボーダーラインがあったが、この日は翌日まで待ちたくなかった。

「大丈夫ですよ。あ、そうだ、先ほどの建築日、父に聞いたところ、昭和30年代に建てた家だと言っていましたので、空き家の控除、条件を満たしそうです。父にもう一度売却を検討するように伝えたところでしたよ」

電話先の憲司が、早くも父親に連絡をしてくれていたのが梅田にはうれしかった。ただ、実際に売却するかどうか分からないし、時間を要するかもしれない。まずは、目先の状況を打開する方法を伝えてあげたい。

「国民健康保険の見直しができそうです」

梅田は単刀直入に憲司に伝え、説明を始めた。

「晃さんは、きっと〝建設国保〟に加入されているんだと思います」

「建設国保？」

初めて聞いた言葉だったようで、憲司は梅田の言葉をそのまま聞き返した。はやる思いを抑えつつ、梅田は細かい説明を続ける。

「建設業界特有の国民健康保険組合のことです。この建設国保は、所得水準にかかわらず、年齢や家族の人数で保険料を算出するため、毎年ほとんど保険料が変わらないんですよ」

会社員の加入する健康保険には、大企業を中心に健康保険組合があり、組合独自の医療保険制度がある。一方、自営業者等を対象にした国民健康保険は、それぞれが世帯単位で加入することになるが、建設業界など一部の業界団体が組合を設けていることもある。

保険料が一律であるため、通常の国民健康保険よりも保険料を抑えることができると認識している人が多いが、今回の中森夫妻は、むしろ保険料が一律であることが負担になったというわけだ。

「おそらく、建設国保を脱退して、通常の国民健康保険に加入すれば、月々1、2万円ぐらいは負担が軽減されるかもしれません」

「本当ですか、その差は大きいですね！」

梅田は、自分のペースで捲し立ててしまったことに、憲司の声を聞いて気付いた。いったん心を落ち着かせ、注意点を続ける。

「もちろん、保障内容とか、細かい違いがあるといけないので、念のため、そのあたりも事前に確認し、市役所で国民健康保険料を試算してもらってください」

建設国保から国民健康保険に切り替えることは特に問題なく、また状況が変わったら建設国保に加入し直すこともできる。田嶋から教えてもらったそのことを、梅田は最後に付け加えて伝えた。

電話を切った後、中森夫妻の笑顔を思い出した。きっとこの金融危機は、世界が協調することで、いずれ脱することができるはずだ。少しずつ経済も持ち直してくる。それまで少し耐えてもらって、あの夫婦にも徐々に余裕のある生活を送ってほしい。梅田もそれほど余裕のない中で、そんなことを願っていた。

実は、梅田自身もまた、来年度は国民健康保険料が下がるのではないかと、自らのプランニングを漠然と行っていたのだ。それが今回、糸口を見つけることにもつながった。「ＦＰは日々の自身の生活も商売道具になる」とは、梅田がいつも口にしていることである。そして今回は、何より頼りになる仲間がいてくれたことも助かった。

こういう仲間がいればきっと自分も大丈夫。なんで弱気になっていたんだ。そんなことを気付かされる機会にもなった。

「仲間かぁ」

かのシャーロック・ホームズにも優秀な助手ワトソンがいたな。アイデア次第でなんでもできると言いながら、挑戦する気持ちをどこか忘れている。

自分に活を入れるように、両手で頰をたたき梅田は前を向いた。

「お金はないけど、今が勝負をすべき時だ」

梅田は事務所ホームページに「スタッフ募集」のページを作り始めた。向上心のある人と一緒に仕事をしたい。長期的なビジョンを描きながら、梅田も、危機から抜け出せるような気がしていた。

FP
うめちゃんの
つぶやき

空き家はなるべく早く有効活用を！

今回は社会保険労務士の田嶋さんに助けてもらいました。建設業界特有の国民健康保険組合に加入していたことが、結果として高い保険料を払うことになっていましたね。

多くの人がお給料から健康保険料や厚生年金保険料、そして税金を強制的に徴収されているため、なんの疑いも持たず負担していますが、一つ一つどういう仕組みになっているのか勉強してみると、家計改善につながるかもしれませんよ。特に、中森さんのような自営業の方は、毎年大きく状況が変わるため、このような知識を整理しておくとよさそうですね。

なお、近年問題になっている空き家は、危険性や衛生状態など一定の問題があると見なされた場合、「特定空き家」と指定され、自治体から勧告を受けると、住宅用地に適用される6分の1の評価減の対象から外れることになります。

また、損害保険会社の火災保険においても、空き家は住宅と見なされず、保険料が高くなることも考えられます。

よって、なるべく早く売却するか、修繕して人に貸すなどの有効活用手段を検討すべきですね。

ただ、やはり売却するときには空き家を解体し、更地にした方が買い手が付きやすいものです。自治体によっては解体費用の一部を負担するといった支援をしているところもありますので、事前に調べてみるとよさそうです。

なお、余談ですが、火災保険とセットで加入する地震保険には、建築年割引という割引があります。これは１９８１年６月１日以降に建てられた物件に適用されます。つまり、１９８１日５月31日までに建築された物件には適用されないのです。この日付、どこかで見たことのある日付ですね。憲司さんに伝えた、空き家の特別控除の要件となる建築日の日付と同じです。それ以降は新耐震基準が適用された後に建築された物件なので、比較的地震に強いということから割引が適用されるのです。こういうつながりに気付くと、もっとお金のことを勉強してみたくなりませんか？

第４話

退職希望者続出のクリニックを救え

朝８時半。梅田がささおか歯科を定期訪問するのはこの時間と決まっていた。クリニックの受付には小さなクリスマスツリーが飾ってある。12月も中旬に差し掛かり、朝晩の冷え込みが身にこたえる時期になっていた。

ささおか歯科の笹岡院長とのミーティングは、会計から労務、今後の経営計画まで、その内容は多岐にわたる。ここで梅田に求められているのは、ＦＰというよりは経営コンサルタントのような役割だった。

士業勉強会で出会った一回り年上の税理士・富澤と提携し、梅田はささおか歯科と顧問契約を締結している。各種相談業務や会計報告を梅田が担当し、梅田が担うことのできない年末調整や税務申告を富澤が行うことで、会計・税務のワンストップサービスが実現した。ＦＰ相談のみで顧問契約を増やすことに苦戦していた梅田は、税理士とのタイアップで新たな可能性を感じることとなった。

富澤から税務について教えてもらうことも多く、梅田は一方的に、富澤を「独立後に出会った上司」として慕っている。そして富澤も、「部下」に指導するように丁寧に対応してくれていた。税理士資格を諦めた梅田にとって、富澤と仕事をする時間は、自分がＦＰとして仕事をするためにどのような意思決定をしてきたのか振り返らせてくれる時間でもある。また、富澤の妥協のない仕事ぶりに接することで、自分の未熟さを痛感し、奮起する機会にもなった。

「以上が10月までの業績概況です」

当初の定期訪問では、会計報告を富澤が行い梅田がそれに同行する格好であったが、今ではすっかり梅田一人でこなすようになっていた。

接待交際費に旅費交通費、そして減価償却費。税理士を目指していた頃、毎日のように目にしていた勘定科目だ。今、ＦＰとしてそれに言及している自分を客観的に見ると、少しくすぐったい。ただ、あの時があるからこそ、抵抗なく会計業務と向き合うこともできている。やったことに意味のないものはない。そう言い聞かせながら、梅田は院長と対峙（たいじ）していた。

年内最後の院長とのミーティングの後、梅田はスタッフとの朝礼にも参加した。

院長からの要望もあり、梅田は定期的にスタッフ全員にクリニックの業績状況を伝えている。また、時に業務上知っておいてほしいお金の知識や最新の制度についても案内をしていた。出勤状況によっても異なるが、その日は6名の歯科衛生士と1名の医療事務員の前で、医療費控除[1]について説明をしていた。

「医療費控除は年内支払分までが対象で、通常は年間10万円を超えなければ控除の対象となりません。治療実施は年内でも、治療費を年明けに支払うと、今年分の対象にはならないことを覚えておいてください。なお、クレジットカードで支払い、口座引き落としが翌年になる分は、カードを利用して窓口支払いをした日、つまり今年分の対象として認められます」

年明けすぐに税金が還付されるとなれば、患者が自費治療など高額な治療を選択する後押しにもなる。自分の説明が、医業収入を上げるための、いわば「セールストーク」にもつながればという意図もあった。

＊

年が明け、1月中旬になった頃、梅田の元に笹岡院長より連絡が入った。

「梅田さん、受付の沢口が結婚することになりまして。3月末で退職することになりました」

ささおか歯科のスタッフは全員女性ということもあり、結婚や出産で毎年1人は退職するスタッフがいる。逆に、一度退職した後、パートとして復帰を希望するスタッフも多く、頻繁に入

1　医療費控除は、年間に負担した医療費（保険金等で補填される金額を差し引いた額）が10万円または総所得金額等の5％のいずれか低い方の金額を超えた場合、超えた額を所得から控除できる制度である。通常、インプラントや発育段階にある子どもの歯並びの矯正費用は医療費控除の対象となるが、審美的なホワイトニングの費用などは対象外となる。

退社の手続きを行っていた。

「梅田さん、退職される沢口さんの正式な退職日を教えてください」

梅田の携帯に富澤から連絡が入った。

退職の場合、原則として退職後1カ月以内に源泉徴収票を発行しなければならないため、退職者が発生すると富澤とやりとりをする時間が増える。

また社会保険の手続き上も退職日は重要である。退職日の翌日が社会保険の資格喪失日となるため、月末に退職した場合は、資格喪失日が翌月1日となるが、月末前に当たる3月30日が退職日の場合は3月31日が資格喪失日となり、1カ月分の社会保険料の徴収に差が生じる。

「ちょっと待ってくださいね。えーと、3月31日が最終出勤日で、その日が退職日となります」

梅田は院長のメールを確認しながらそう答えた。


4月に入ってすぐの訪問時、梅田はまた院長からスタッフの相談を受けることになった。

「この前、沢口が退職したばかりですが、今度はパートの石野が辞めたいと言ってきまして」

先日、沢口の送別会を行い、新年度を迎え、気分新たに診療に向かおうとしていたタイミングでの申し出である。院長はすっかりこういうことには慣れているという冷静な表情だったが、心穏やかではないはずだ。

「理由はなんですか？」

「他業種も経験してみたいようで。ただ、本音はうちの時給に不満があるようでした。一般の会社勤務を希望し、転職活動をしているようです」

ささおか歯科は、患者に対する院長の思いやりのある人柄や真摯な姿勢が評判だが、これはスタッフに対しても同じであった。優しく指導し、そして定期的に個別面談も実施することで、スタッフそれぞれが今考えていることについて把握しようと努めていた。そんな風通しの良さから、「もっと給与を上げてほしい」というような、正直な要望が上がることもある。

院長はその要望を受けて、さまざまなインセンティブ制度を導入するなど、スタッフのことを考えた給与制度を目指し、毎年のように見直しを行っていた。ただ、個人経営の歯科クリニックの年収は、一般企業と比べるとどうしても低くなりがちであり、中には不満を持ち続けるスタッフもいる。

院長は、収入面よりも、医療に従事する使命感を動機付けとして働いてほしいという思いが強い。よって、給与の低さを理由に退職するケースでは、無理に引き留めることはしなかった。

石野の退職手続きを富澤に依頼しつつ、梅田は院長と新規採用について打ち合わせを重ねていた。医業収入に対する人件費率や変動費と固定費の割合、そして、時として「ささおか歯科の経営状況」と「笹岡家の家計状況」を合成した独自の指標も算出する。

ＦＰならではの視点を盛り込む。これが梅田のこだわりであった。

ゴールデンウィークが終わり、梅田は早くもクールビズスタイルで動き回っていた。そんな折に、院長から１通のメールが届いた。その内容は、歯科衛生士として長年勤務する尾辻聡子と、２年目の山本千尋がそろって退職を希望しているというものであった。

「今年に入って既に２人退職してるのに、さらにもう２人？」

まだ１年が半分も経過していない。梅田がささおか歯科に関与して以来、初めての事態であった。

尾辻聡子は、開業の時からささおか歯科で勤務している。結婚を機に一度退職し、しばらくささおか歯科を離れていたが、その後復職した経緯がある。育児の関係でパート形態での勤務ではあったが、人望も厚く、誰よりささおか歯科のことを知っている。そんな全幅の信頼を寄せていた尾辻からの退職希望を聞き、院長もかなり動揺しているようだ。

梅田もまた動揺した。クリニックを訪問するたびに、尾辻とは会話をすることが多く、冗談さえ言い合える間柄となっていた。

「もしよければ明日、終礼後に尾辻の話を聞いてくれませんか？」

「もちろんです。では18時にクリニックにお邪魔します」

院長から打診がなくとも、梅田は尾辻と個別面談を行うつもりでいた。退職前は、スタッフにとって雇用保険や税金・年金など気になることも多いため、今まで幾度となくこういう出番が梅田に回ってきていた。また、「従業員FP相談サービス」を通して、尾辻から直接、家計に関する相談も受けたことがあった。

「従業員FP相談サービス」は、梅田がささおか歯科との契約において、定期訪問の業務とは別に行っているサービスである。顧問契約を結んだ際、FPならではのサービスを展開できないかと模索し、たどり着いたのがこの業務であった。

クリニックのスタッフは、主に20代や30代の女性で構成されており、その多くが結婚や出産といった大きなライフイベントに直面している。そこに目を付けた梅田は、クリニックの顧問FPとして、スタッフそれぞれが、院長を介さずに生活や仕事全般の相談をすることができるサービスを開始した。

当然、守秘義務があるため、スタッフからの個別面談の内容を院長に伝えることはないが、スタッフの特性を把握していた方が、梅田も経営サポートをしやすい。さらに、スタッフにとっては、本来なら有料となるところ、ささおか歯科に勤務しているからこそ「無料でFP相談し放題」であることが、福利厚生の一環となれば。梅田のサービスにはそんな相乗効果の狙いがあった。

＊

いつもの診療前ではなく、診療後の訪問。少し緊張が走る。誰もいない待合室で梅田が待っていると、終礼を終えた尾辻が現れた。世間話もそこそこに、梅田は早速、「退職を希望されていると院長から聞きました」と切り出した。

「梅田さんは、この前辞めた石野さんの退職理由を知っていますか？」

「確か、歯科業以外で働いてみたいとか…」

梅田は当たり障りのない返答をした。

「それもあったようですが、実際は少し違うみたいで」

尾辻は自分の話をする前に、石野が辞めた理由について話し始めた。

「ご主人の会社の健康保険組合から、扶養親族に関する調査が入ったと言っていました。石野さん、直近３カ月分の給与明細を提出したところ、扶養の対象外だという指摘があったみたいで」

石野はいわゆる「扶養の範囲内」で働くことを希望していた。そして、それは尾辻も同じである。

一般的に、石野や尾辻のようなパート勤務の主婦の場合、年収が１３０万円未満かつ夫の年収の2分の1未満であれば、夫に扶養されていると見なされる。その場合、夫の会社の健康保険に加入でき、そして年金は国民年金の第3号被保険者[2]となるため、保険料を直接払う必要がない。そのため、社会保険上の「被扶養者」、つまり「扶養の範囲内」になることを意識しながら働いている。当然、扶養の範囲を超えた場合、自分自身で健康保険料や年金保険料を払うことになるため、手取りが大きく減ってしまう。

「提出を求められたのが10月から12月の3カ月間の給与明細だったので、それだけを見て、扶養から外れるようご主人の会社の人から言われたようなんです」

ささおか歯科は例年、10月から年末までの医業収入が他の月に比べて高い傾向にある。年末までに治療を終わらせたいという患者の心理が働くのか、予約でいっぱいとなる。石野はもちろん、尾辻もこの時期は正社員と同程度の出勤を求められていた。

梅田が給与データを確認してみると、石野の10月と11月の総支給額はそれぞれ11万5０００円程度、12月は13万円に達している。

「石野さん、昨年1年間では１３０万円を上回っていないのに、扶養から外れないといけないのは何か理由がありましたよね。以前、梅田さんが朝礼で説明してくれたような…」

この「１３０万円の壁」については、ささおか歯科のみならず、共働きの夫婦などからよく聞かれる質問の一つであった。

2　第２号被保険者（会社員等）に扶養されている20歳以上60歳未満の配偶者のことを指す。第３号被保険者である期間は、保険料を納付する必要はないが、保険料納付済期間として将来の年金額に反映される。

「はい、以前、朝礼でも紹介したのですが…このあたりの話は分かりにくいですよね…」

そう言いながら梅田は手帳を開き、左端に「1月」、右端に「12月」と記し、横線でつないだ。

「多くの人が1月1日から12月31日までの収入を意識するのですが、これは税金上の考え方です。所得税の計算上、扶養控除や配偶者控除を適用できるかどうかは、この1年間の所得で判断します」

梅田は引いたばかりの線をボールペンでなぞりながら話を進めた。

「ただし、社会保険はそのような考え方をしません。今現在の収入から、今後どの程度の収入を得るか、見込み額で判定するのです」

梅田は、自分が記した「12月」を丸で囲み、その下に「12万円」と記入した。

「仮に、この時期の石野さんの給与が12万円だったとします。この金額をベースにすると、年収見込み額は144万円になります。実際の年収が130万円未満でも、調査時点の状況で判断されるため、石野さんはそのような指摘を受けたのでしょう。ただし、この数カ月だけを見て必ず扶養から外されるとは限らない。ご主人の健康保険組合によるところも大きいのです」

忙しい時期に、130万円という水準を意識しながらスタッフの出勤を減らすと、クリニックが回らなくなる。一人一人、毎月きちんと扶養の範囲内に収めるところまでは、クリニック側ではカバーできないというのが現状である。

「その件で石野さん、ご主人とかなりもめたみたいで。『必ず扶養から外れないようにしろ！』と怒鳴られたそうなんです。それで、自分のペースで出勤できる他のパートを探したいと…。私も、石野さんと同じようになるのが心配なんです」

尾辻は、明日はわが身といった表情で梅田にそう説明した。

年収130万円を上回らないように意識していても、どの会社においても繁忙期はある。例えば、パート勤務の保育士の女性が、卒園式や入園式を控え、2月や3月に残業が重なり、ちょうどその頃、夫の会社から調査が入ったという相談を梅田は受けたことがあった。ささおか歯科に限った問題ではない。そんなことを考えながら尾辻の主張に耳を傾けていた。

「それに、この扶養の範囲がさらに厳しくなるって新聞で見掛けたので…。梅田さん、もちろんご存じですよね？」

「はい、いわゆる『106万円の壁』ですね？」

2016年10月より、従業員501名以上の企業においては、パート社員やアルバイトでも、月収が8万8000円以上など、一定の条件を満たした場合は社会保険に加入しなければならなくなった。要件となる月収の金額を年収にすると、およそ106万円のため、「106万円の壁」とも言われる。それが2024年10月から要件が変更となり、従業員51名以上の企業が対象となる。つまり、勤務先の規模によっては、夫の扶養から外れて社会保険料を負担しなければならなくなる水準が下がるわけだ。

「それです、それ。『パート主婦は要注意』という見出しがあったので読んでみたら、１３０万円が１０６万円に下がるのでしょう?」

「いいえ、あれは既に従業員が５０１名以上の企業が対象になっている制度で、今後段階的に対象となる企業を拡大するという話です」

そう言いながら、梅田はクリニック内を見渡すように首を大きく左右に振った。それに釣られて尾辻も周りを見渡す。

「安心してください。ささおか歯科はパートを含めても10名程度です。今後も１０６万円ではなく、年収１３０万円ペースで働いていれば、扶養から外れることはありませんよ」

石野の件があったため、梅田は年収１３０万円未満という言い回しを少し変え、そう伝えた。

「従業員数が関係あるんですね。そこまで記事を細かく読んでいませんでした。ただ、もう一つ気になることがあって…」

尾辻は交通費についても心配をしているとのことだった。結婚前はクリニックの近くに住んでおり、徒歩通勤だったが、結婚後の現在は電車通勤で、交通費として月７０００円支給されている。

税務上では交通費は非課税のため勘違いされやすいが、社会保険上は勤務先からの総支給額で判断するため、この交通費も収入に含まれるのである。

「私、交通費を除いて130万円と思っていたので、交通費込みとなると、今後オーバーする月があるかもしれません。だから、交通費がかからない近所で働きたくて」

こういったことも、尾辻が退職を検討するきっかけとなっていたようだ。

梅田は尾辻のこの一言が引っ掛かった。今まで何度も「扶養の範囲内」に関する質問を受けてきたが、交通費が税務上と社会保険上で取り扱いが異なることを知っている人はいなかった。もしかすると尾辻は、「106万円の壁」についても本当はきちんと理解していたのではないだろうか?

院長から信頼されているからこそ、繁忙期にはきちんと出勤したいという責任感もあるだろう。尾辻は自分の都合を優先するタイプではない。

「扶養の範囲内」から外れるかどうかではなく、パートでありながら、実質リーダー的な役割を果たしている今のポジションにプレッシャーを感じており、それから解放されたいというのが尾辻の本音かもしれない。そんなことを梅田は感じ、尾辻にもう一度院長とゆっくり話すことを勧めた。

「尾辻さんにはできる限り長く勤務してほしいというのが院長の希望です。きっと出勤日数や今の職務内容など、尾辻さんであれば可能な限り見直してくれると思いますよ。私もクリニック訪問の際に尾辻さんがいないと寂しいですし…」梅田は少し照れながらそう伝えた。

梅田に何か悟られたことを察したのか、尾辻は恥ずかしそうに顔を伏せた。そして、一度院長とゆっくり話をすると梅田に告げた。なんとか退職を思いとどまってくれれば。梅田はそう心の中で念じた。

一息つきたいところだが、今回は尾辻一人ではない。梅田は２日後に山本千尋と面談をすることになっていた。

＊

山本千尋は、正社員として勤務して２年目。22歳になったばかりだが、結婚を意識する人がいるということであった。「意識する」という段階で、結婚が決まったわけではないのに、それを理由に退職を考えているというのである。

山本の父親も歯科医として開業しており、山本は専門学校卒業後、父親のクリニックで働く予定にしていた。しかし、好奇心旺盛な山本は、開発途上国で海外協力隊として活動することや、バックパッカーとしてアジアを旅したいという夢も持っている。父親のクリニックで勤務をしていては、きっとどの夢を追い掛けるにしても、身軽に動くことができない。そんな理由から山本は親元を離れることを決め、ささおか歯科で勤務することになった。

院長も、山本の積極性や明るさを評価し採用したが、「いつ退職を言い出すか分からない」という不安は感じていた。しかし、まさか1年余りで退職を言い出すとは想定外であったようだ。

ただし、尾辻同様、山本もまだ退職を考えている段階である。「結婚しても勤務を続ける方法を模索してほしい」という院長の希望を聞いた上で、梅田は面談を行った。

山本の話によれば、結婚を考えている相手は2つ年上の24歳。その彼は大学を卒業して1年がたつようだが、卒業後はロードバイクで全国のユースホステルを回って、それを動画サイトやSNSにアップする日々を送っていた。こういう価値観が山本と合うのかもしれない。ようやくこの春、知り合いの紹介で、地元の中小企業に入社したばかりだということだ。

「先日、彼を実家に連れていったのですが…父があまりいい顔をしなくて」

(うん、うん)梅田は思わず大きくうなずいてしまった。

梅田にも娘がいる。ここまで聞いた限りでは、到底結婚は許したくない。そんなうなずきであった。

「私はよく新婚夫婦の相談も受けています。お二人の援護射撃になれるかどうか分かりませんが、もしよければ一度3人で話をしませんか?」

梅田は彼も交えて面談をすることを提案し、山本もその案に同意した。

面談の機会は、６月に入ってから訪れた。今年の梅雨も豪雨に見舞われ、各地で被害が生じていた。たたきつけるような雨が降る中、喫茶店の駐車場に車を停め、梅田は急いで店内に入った。今回は、診療後にクリニックのすぐそばの喫茶店で話をすることになった。コーヒーを注文し、しばらく山本と話をしていると、山本の携帯に彼から到着の連絡があった。店内に入ってきたその彼を見て、梅田は一瞬状況がつかめないという表情で固まったが、その後すぐに大きな声を上げた。

「おー、坪井君！」

「先生っ！」

坪井亮太。梅田がＦＰ課外講座を担当している小倉経済大学の教え子であった。

梅田は開業後すぐに、大学でＦＰ資格取得のための課外講座を担当することになり、今でもその仕事は継続している。講座は春と秋にそれぞれ全10回、数カ月にわたり実施される。講座期間を通して必ず印象に残る学生が数名いるが、坪井はその一人であった。特に、梅田が初めて担当した講座を坪井が受講したとあって、かなり印象深かった。

課外講座は大学の授業が終わった後、夜の時間帯を使って行われる。学生にとってみれば梅田は外部の一講師にすぎなかったが、梅田はこの講座を担当することに並々ならぬ情熱を傾けていた。

梅田自身、学生の時に取得した資格が、今こうして職業になっている。目の前にいる学生にも、一生の資格や経験を得てほしいという思いが強く、ゼミを担当するかのように熱心に向き合っていた。重要な点や試験に出やすい内容を一方的に伝えるのではなく、グループワークやディスカッションも取り入れ、学生に発表を促すのも梅田のやり方であった。

当初はそんな思いが空回りし、質問を投げ掛けても、ほとんどの学生が発言に尻込みをし、雰囲気が悪くなるときもあった。そんなときに積極的に挙手をし、大きな声で発言をしていたのが坪井だった。それ以降梅田は、頻繁に坪井を指名するようになり、ムードメーカーでお調子者の坪井は、それに対していつも周囲の笑いを誘う回答をした。

ただし、発言回数は多くとも、その質は決して高くなかった。後から聞くと、特例で課外講座が単位認定されるということが受講理由だったようだ。3年生であった坪井は、おそらく単位が不足していたのであろう。FP資格にもさほど関心がないようで、授業中に寝ることもしばしばあった。1回3時間の講義で、前半積極的に発言したかと思うと、後半は寝ている。なんともつかみどころがないというのも坪井の印象であった。

そしてまた今回、こうやって坪井と再会することになったが、当時とほとんど変わらない彼の雰囲気に、梅田は戸惑いを覚えていた。

髪は茶髪。帽子をかぶっているが、梅田を前にしても脱ぐそぶりはない。帽子のつばはフラットで、一切のゆがみも許さないでいた。

今の若い人たちはこういうかぶり方をするんだよな。梅田が一定の理解を示そうとしていると、

「あっ、帽子脱いでないや。先生によく注意されていましたね」と屈託のない表情で坪井は笑い、帽子を取った。確かに梅田は、坪井に講義中は帽子を脱ぐよう指導したことがあった。よく覚えているな、と梅田は感心する。

２人の再会に驚きながらも、ほほ笑ましく様子を見ていた山本が、坪井を両親に会わせた時のことを話し始めた。

「梅田さん、信じられないと思いますが、両親に会わせた時もほぼ今と同じ感じで…」

つまり、帽子も脱がずにあいさつしてしまうところだったのだろう。山本はあきれた顔で坪井を見ながら続けた。

「いつもは割と私の友人とも気軽に話をする父が、ほとんど言葉を交わさなくて。食事の時、かなり気まずかったんですよ。亮太が帰った後、今度は私にも話し掛けなくなって。もー、大変だったんです」

直接的に「結婚に反対している」とは言われていないようだが、山本が話す父親の様子が、暗

にそれを意味していた。

「それで、なぜ退職という話につながるのですか？」

梅田が一番疑問に思っている点を投げ掛けた。

「『どうしても彼と近い将来結婚したいのであれば、まずはうちのクリニックで働きなさい』と父に言われまして。今住んでるアパートも引き払ってしばらくは実家から通勤して、その間にしっかりお金を貯めて2人で将来のことを考えなさいと」

「痛いところ突かれましたー」

他人事のように坪井が口を挟んだ。山本はため息をついて隣の坪井をにらんだが、どこか憎めないという視線のようにも感じた。

「なるほど。ではお父様は完全に坪井君を拒んでいるのではなく、むしろこれからの2人の生活を心配しているという方が正しいようですね」

「完全に拒むって…。先生、俺の話のときだけ、言葉のチョイスが乱暴過ぎる。でも、お父さんに認めてもらえるよう、今、仕事必死に頑張って、貯金も始めたんですよ」

坪井はおどけてはいたが、山本と結婚し、彼女を守りたいという気概も見え隠れしていた。そんな坪井を見て、梅田にはある妙案が浮かんだ。

「坪井君、お金、貯めているんでしょ？　よし、ここは名誉挽回！　いや、汚名返上！　ライフプランを作って、お父様に説明するというのはどう？」

「先生、汚名って…」

坪井は苦笑いをしながら、「あの、講義開講日に作ったやつですか？」とライフプラン表について思い出していた。

「そうです。坪井君と山本さんが今の状況で仕事を続け、どのタイミングで結婚をし、そして子どもが生まれ、いつ、いくらぐらいの住宅を購入したいのかなど、毎年の見込み収支の推移を作るのです。そして、しっかりと将来に向けて貯蓄ができることをアピールするというのはどうですか？」

「えー、面倒くさそう…」と言いそうな坪井を山本が遮った。

「そのアイデア、いいと思います！　うちの父、理系だからか、何をするときも理詰めで、すぐに『エビデンス』と口にするんです。きっと、そんな資料を亮太が作って父にプレゼンできれば、汚名…じゃなかった、好感度は上がると思います！」

山本のうれしそうな顔を見て、坪井もやらざるを得ないという空気を察知したようだった。

「先生、もちろん手伝ってくれますよね？」

そう頼る坪井に、梅田は今でも講義で使っている資料をメールで送ることを約束した。資料の中には、ライフプランを作成するひな型もある。

なんとか山本の父親に坪井のことを受け入れてほしい。そう願いながらその日の面談を終えた。

＊

2週間後、坪井は梅田のオフィスで「予行練習」を行うことになった。

梅田を山本の父親に見立て、坪井は事前に作ってきたライフプラン表やキャッシュフロー表を示す。全部で5ページほどの簡素な資料ではあったが、最低限の内容は盛り込まれていた。坪井の説明が一通り終わるまで、梅田は口を挟まないように我慢していた。

「以上が、私の作ったこれからの千尋さんとのライフプランです」

ライフプランを作らせただけで、それ以外は何も口出しをしていないのに、自分のことを「私」と称する坪井は、2週間ですっかりそれらしくなっていた。

「いやー、素晴らしいですね。さすが坪井君。話し方もお父様に信頼してもらえるようになっているし。感心しましたよ」

親しみを込めて引き続き「君」付けで、フランクな口調ではあるが、時折敬語も交じえながらコメントした。一人の社会人として認めているという証でもあった。

「ただね、2点、大きく違うところがあります。この辺りを講義で説明した時、坪井君、寝てたからなー」

梅田はそうからかいながら、坪井の作成したキャッシュフロー表の一部分を指さす。

「まずここ。収入のところ。これは年収ですよね？」

「はい、そうです。え、多過ぎますか？」

「いやいや、見込みだから多いか少ないかは分かりません。一般的には適正な範囲だと思うよ。ただ、支出のところに税や社会保険料を書いてないから、この年収が全て使えるというプランになっている。ここが駄目だね」

一般的なライフプラン表では、収入と支出に項目を分け、収入には年収を入れる。そして、税金や社会保険料を支出として認識しなければならない。坪井はそれをすっかり忘れていた。

「あー、そっかー。でも、きれいにまとまったから、税金とか社会保険料とかを入力する欄を追加したくないんですよね。どうしたらいいっすか？」

さっきの予行練習の時と違い、坪井はいつもの口調に戻っていた。

「それなら収入のところに可処分所得を計算して、そのまま入れるというのはどう？」

「可処分所得って…。あっ！　税金とか社会保険料とかを引いた後、自分が自由に使えるお金のことですよね。そっか、それで同じことになるのか」

「収入によって税率など変わるから、あくまで目安にしかすぎないけど、およそ収入の８割を可処分所得と見なせば、それほど大きな誤差はないはず」

梅田は坪井に簡易な算出方法を伝えた。顧客から依頼されて作るライフプラン表であればそうはいかない。ただ、今回は坪井が山本の父親にしっかりプレゼンできるかどうかが重要である。収入と可処分所得の違いを認識していることを示すことができれば問題はない。

「それからもう1点はここ」

梅田が示した先には「変動率」と書いてあった。毎年の収入と支出を比べたときに、収入の方が多ければ、貯蓄に回すことができるが、その累積していく貯蓄額は、一定の利回りで運用される前提で考えるべきである。その一定の利回りを変動率などと表記するが、坪井は5%と入力していた。

「どうやって毎年5%も運用して増やしていくの？」

「えーっと、それは…」

「今の普通預金の金利は分かる？」

立て続けに質問され、さらに困った顔を見せる坪井に、梅田は苦笑いを浮かべた。

「この辺りの話の時も寝ていたかな？　やっぱり講義はちゃんと受けないとね。今の普通預金金利はほぼゼロ。あまり大きく増える前提でプランを作ると、お父様に突っ込まれますよ」

坪井はアハハと笑いながらも目は笑っていないのが分かった。

「例えば、安全性資産[3]と利殖性資産に分けて、利殖性の方は5％でもいいかもしれない。きちんとどういうふうに運用するか言えないといけないけどね。とにかくなんの根拠もなく5％というのは、良くないですね」

その後も、坪井からの質問に梅田は一つ一つ回答しながら、山本退職阻止のためのライフプラン表を仕上げていった。

資料の手直しを全て終えた頃には、日はとっぷり暮れていた。梅田からの容赦ない指摘に、最初は眉を下げてばかりだった坪井も、修正するうちに梅田の講義の内容を徐々に思い出していったようで、資料を仕上げる頃には自信に満ちた表情になっていた。

礼を言って事務所を後にする坪井の背中を見ながら、梅田は心の中でエールを送った。再び山本の両親に会いに行く決戦の日は、1週間後とのことだった。

＊

その後が気になっていた梅田は、山本からでも坪井からでもなく、笹岡院長から結果を聞くことになった。

「梅田さん、山本から引き続き勤務したいという連絡がありましたよ。尾辻も面談を行ったとこ

3　安全性資産とは、預金や国債など元本が確保された資産や、元本割れリスクが極めて低い資産のことをいう。対して、利殖性資産とは、株式などで積極的に運用する資産のことをいう。

ろ、いろいろと前向きに考えてくれて、退職はいったん白紙となりました。ありがとうございました」

尾辻と山本のそれぞれが退職希望を取り消したとあって、電話越しから安心した様子がうかがえた。

「梅田さん、どんな技を使ったのですか？　山本の父親は彼のことを気に入ったらしく、その日はお酒も酌み交わしたようですよ。山本が喜んでおりました」

「FPの必殺技を彼に伝授しました！　またこういう機会があればぜひ頼りにしてください。あっ、次から次に退職希望者が出たら、院長が大変ですね」

個別面談はプライベートな内容も含まれるため、院長であっても具体的な報告はしないルールだ。思わず口に出た「必殺技」という表現に、あながち間違ってはいないし、快活な坪井を連想させる表現だと梅田は満足していた。

坪井のライフプラン表は、梅田からするとまだまだ指摘したいことがいくつもあった。手直ししたい衝動にも駆られたが、梅田が修正した箇所を坪井自身が説明できなくては意味がない。ただ、専門家でもない一人の青年があのレベルまで仕上げ、必死に両親の前で話をしている姿を想像しただけでも、きっとうまくいくだろうという確信を持っていた。

後日、山本から改めて報告を受けた。それによると、父親は、ライフプランそのものではなく、前回よりも礼儀正しく、しっかりとしたお金の知識もあり、将来のことをきちんと考えている坪井を評価したらしい。

また、坪井からも、その日の緊張したさまをつづったメールが届いた。丁寧に書いてある文面から、一段と成長した坪井の姿が目に浮かんだ。

「来年か再来年、いつになるかまだ分かりませんが、先生が教えてくれたように大みそかに入籍したいと思います（笑）」

最後はそう締めくくられていた。

梅田はいつも講義で、「大みそかに入籍するケース」と「元日に入籍するケース」を例に取って、所得税と住民税の配偶者控除の説明をしていた。

配偶者控除は、年末時点に配偶者になっていれば適用されるため、大みそかに入籍すれば、その入籍した年分から配偶者控除の適用を受けることができる。つまり、元日に入籍した場合よりも、税金が1年分多く還付される可能性がある。たった1日の違いだが、税金の額が大きく異なるというわけだ。「お金の知識を身に付けておくと、新婚旅行をワンランクグレードアップできるかもよ？」というのも決まり文句であった。その講義のことを覚えていた坪井らしいメールの締めくくり方であった。

「そもそも山本さんが正社員で働いている前提のライフプランでしたよね？　山本さんの所得で

は、配偶者控除の対象にはならないと思いますよ」

梅田はそう返信文を作りながら、いったん手を止めた。

配偶者控除を受けるには、配偶者の所得が一定金額以下である必要があるため、山本がこのま働くのであれば、大みそかに入籍する意味は残念ながらあまりないと言える。坪井への返信でその点を訂正しようとまとめていたが、やっぱりやめた。

結婚する際には、きっとまた山本から相談を受けることになるだろう。梅田の「従業員ＦＰ相談サービス」が、ささおか歯科でさらに定着していくことを期待しながら、坪井をねぎらう文章を作り、梅田はメールの送信ボタンを押した。

FP うめちゃんのつぶやき

勘違いしている人が多い「130万円の壁」！「103万円の壁」との違いは!?

今回なんとか、尾辻さんと山本さんが退職せずに済み、院長からもしっかり感謝の言葉をもらうことができました！

尾辻さんの真意は分かりませんが、「130万円の壁」が気になっていたのは間違いないようです。「扶養の範囲内」で働きながらも、世帯年収を増やすために年収130万円ギリギリで働きたいという人はとても多いです。そして、本文で指摘したように、勘違いしている人もまた多い。注意してくださいね。

また、問題児と言いますか、ムードメーカーだった坪井君と再会し、こんな形で再び指導するとは。でもそのかいあって、山本さんのお父様に気に入られたようで本当に良かったです。坪井君が学生時代に勉強したことをしっかり思い出し、お父様にライフプランを説明できたことに尽きると思います。

坪井君にメールで返信しようか迷ったのですが、配偶者控除（配偶者特別控除）では、配偶者の年収が150万円を超えると、年収の増加に伴って徐々に控除額が少なくなり、201万円を超えるとゼロになってしまいます。よって最近では「150万円の壁」として目安になっています。それとは別に「103万円の壁」もありますが、これは尾辻さんのように、扶養の範囲内で働きながら、所得税を納めなくてもよい目安です。税金上の103万円・150万円の壁。社会保険上の106万円・130万円の壁。分かりにくいですよね。こういった税金等の話も含め、学生の頃からお金や経済の勉強をすることはとても大切です。お金の知識があれば、社会人としてスタートする前に、世の中の仕組みを理解し、そして、自分自身のライフプランを描くことができるのです。今後ますます若い人たちがお金について学ぶ機会が増えることを願っています。

また、FPは個人家計のアドバイスをする印象を持っている人が多いと思いますが、私が富澤税理士とタイアップしたように、会社や病院へサービス展開することもできます。必ずその先には従業員がいて、それぞれのライフプランがあります。求人票の福厚生の欄に「FPサポート有り」と表記されるようになることが、今の私の目標です。

読者の中には、FP資格に興味がある方や、今まさに試験勉強を頑張っている方も多いと思います。資格取得後の可能性を探りながら、合格を目指して頑張ってくださいね！

第５話

ダイイングメッセージ!?　変更された保険金受取人

８月下旬の夕刻。事務所の外では、鋭い西日が辺りを橙色に染め上げ、ヒグラシが夏の終わりを告げている。そのどこか哀愁漂う鳴き声は、梅田と、新規相談者の前川博之にも届いていた。FPとして独立してから、早くも４年目に突入していた。

前川の相談は、先月急性心筋梗塞で亡くなった父・幸治の相続に関するものだった。前川商会という会社を経営する幸治は、亡くなる前日まで普通に仕事をこなしていたという。そんな父の突然の死に、息子の博之は大きなショックを受けた。それと同時に、長男として大きな責任を負うことにもなった。

話を進める中で、博之の母親は５年前に亡くなっていること、そして、博之に弟がいることが分かった。同じく弟のいる梅田は共感する点が多く、何度も首を大きく縦に振りながら博之の話を聞いていた。

「子どもの頃は本当に仲が良かったのですが、今は最低限の会話だけで…」

博之の言葉の端々には、弟との今の関係が不本意なものであり、できることなら、兄弟で協力してこの困難を乗り切っていきたいという思いが込められていた。

「弟さんのお名前をお聞きしてもいいですか？」

「誠二と言います」

同じ長男として博之の話に共感し、梅田は何度も口を挟みたくなったが、父の死と向き合い、一つ一つ丁寧に状況を説明する博之の話を遮るのははばかられ、梅田は弟の名前を確認するのがやっとであった。

「誠二さんですね」梅田がメモに弟の名前を記していると、博之は幼少時代のエピソードを語り始めた。

「父は『兄弟平等』が口癖だったんです。年が一つしか違わないこともあって、何をやるにしても2人一緒で、父もよく遊びに連れていってくれました。弟と競い合うように遊びました。おやつや夕食の時間はもう大変でしたよ」

「量や個数の違いで争うんでしょ？」

堪らず梅田は口を挟んでしまった。

「そうなんです。どっちが多いとか、自分の方が少ないとか。もつ鍋の時は、最後のもつをどっちが鍋からすくうかで、おたまの取り合いになって」

「そんなとき、お父様はどうされたのですか？」

そんなときの父親の対応も自分の家と同じなのではないかと思い、梅田は興味本位で質問をした。

「父は、『前回は誠二が我慢したから、今日は誠二が最後の一つを食べなさい』と、前のもつ鍋の時のことを覚えていて…長男だからということで私が優先されることはほとんどなく…」

昔の食卓のシーンを鮮明に思い出したからなのか、博之は感傷的になりながら、言葉を詰まらせた。

梅田の父親もまた『兄弟平等』がモットーで、時に厳しく、時に優しく、梅田と弟をしつけてくれた。そんな話を梅田はしたかったのだが、博之の様子を見て話すのをやめた。

しばし梅田の事務所に沈黙の時間が流れた。

ライフプランのエンディングである「死」。毎日のように顧客の前で口にしている単語ではあるが、実際に大切な身内が亡くなった人からのＦＰ相談は、梅田にとって初めてのことであった。

博之の気持ちを推し量るあまり、梅田はなかなか次の言葉が出てこなかった。それとは対照的に、博之はいつの間にか毅然（きぜん）とした態度を取り戻していた。今後の生活や家計、そして会社の経営問題を早く落ち着かせたいと、既に気持ちを切り替えているようだった。しばしの沈黙を破ったのも、博之であった。

「父親の財産整理を行っていたら、生命保険の証券が数枚出てきまして…」

「差し支えなければ拝見してもよろしいでしょうか？」

両親亡き今、長男である博之は家のことはもちろんのこと、後継者として会社のことも考えなければならない。この1カ月、さまざまな思いを消化した上での振る舞いであることが見て取れた。

「こちらなんですが」

保険証券が4枚。そのうち2つは法人名義で、残りの2つは幸治の個人名義で契約してある。

「一つ一つ確認させてください」

そう言いながら保険証券を手にする梅田は、いつもの保険相談モードに少しずつ切り替えようと努めていた。

（何か指摘ポイントがないだろうか…）

隅々まで目を配り、それぞれの保障内容の漏れや重複を探すことには慣れている。保険会社によって特約の名前や記載方法も異なるため、加入した本人でさえ、どんな保障内容なのか分からないということが多い。まずは絡まっている糸をほどくように、現在の契約内容を伝えながら、保険の位置付けや考え方、適正な保障額や保険料についてゆっくり説明をしていく。今まで幾度となくこなしてきたが、今回は保険金受取人からの相談であり、契約者は既に亡くなっている。その契約の意図を確認することはできない。

＊

「弟が相当怒っていまして」

梅田が一通り保険証券を見終わったタイミングで、博之が口を開いた。

「そうでしょうね」

梅田はすぐに相づちを打った。

博之がそう言った理由は、幸治の個人名義になっている2つの保険契約にあった。兄と弟、50%ずつとなっていた保険金受取人の欄が、2契約どちらも、全て兄・博之の名前に上書きされていたのだ。

受取人の変更は、契約者かつ被保険者である幸治が申し出ればいつでも行うことができる。しかし、『兄弟平等』が口癖の父親が、なぜ兄弟半分ずつではなく、兄だけが受け取れるようわざわざ変更したのか。梅田は疑問で仕方がなかった。博之は、幸治が亡くなる前、そんな話を聞く機会も一切なかったという。

博之は、二重線が引かれ変更されている保険証券の受取人欄を見ながら、会社を継ぐまでの話、弟・誠二との関係を梅田に一つ一つ伝えた。

幼い頃から成績優秀だった博之は、都内の有名大学を卒業後、大手電器店に就職した。主に経理部でキャリアを積んできたことから、会計や税務の知識が豊富で、業務の傍ら2級ＦＰ技能士の資格も取得した。

一方、弟の誠二は典型的な落ちこぼれだった。大学は2年留年した後なんとか卒業。その後も新卒で入った会社を1年足らずで辞めてしまい、しばらくは定職に就かずパチンコに通う日々だった。いわゆるフリーターの状態が長く続き、幸治の悩みの種でもあったという。

前川商会株式会社は、幸治が始めた文房具卸売業と、フランチャイズ契約のコンビニを1店、そして駅前で小さな金券ショップを展開している。

寡黙な父親であった幸治は、兄弟それぞれの生き方に口を出すことはほとんどなかった。しかし、母が亡くなってからというもの、年に数回、博之に「前川商会を継いでほしい」と電話をかけるようになったという。そしてその回数は年々増え、母もいない中、一人自宅から電話をしてくる父のことがいたたまれなくなり、博之は父の後を継ぐ決断に至った。

2年前に電器店を退職した博之は、前川商会の取締役に就任した。入社後、博之は父のそばで日々の売り上げや経費の把握から始めたが、会社の経営状況を理解するのにそれほど時間はかからなかった。また、積極的にスタッフに声を掛け、会社の課題を見つけては改善策を提案するようになり、幸治は全幅の信頼を寄せていた。

ちょうどその頃、金に困っていた誠二も、前川商会の経営するコンビニの店員として働くようになり、以前よりは真面目な生活を送るようになっていた。兄弟それぞれが自分の会社に関与してくれている状況に、幸治は大いに満足していたに違いない。「いずれは誠二にコンビニの店長になってもらいたい」とも幸治は口にしていたようだ。

ただ、博之と誠二の関係は、昔のように仲の良い兄弟というには程遠い状態であった。一流会社でキャリアを積み、後継者として期待されている兄に対し、アルバイトとなんら変わらない待遇の弟。誠二にとって面白いわけがない。博之が取締役として社内での存在感を高めるにつれ、兄弟で会話する機会は減る一方であった。

（まさに争族かぁ）

相続は、家族で争い事となることが多いため、「争族」という造語がよく用いられる。

「せっかく弟もよく働いてくれていたのに、この件を知ってからすっかりやる気をなくしてしまって」そう言って博之は、困惑気味にお茶をすすった。

「遺言はなかったのですか？」

「そうなんです。遺言を残してくれていたらよかったのですが…」

さらに博之の顔色が曇っていくのが分かった。

「でも、おかしいですね。弟さんが少しずつ働くようになっていて、お父様も満足されていたのに」

そう言いながら梅田は腕を組んだかと思うと、今度は指さし確認をするかのように右手を動かしながら、思考を整理した。

「一つお願いがあるのですが…」

「なんでしょうか？」

「御社の顧問税理士さんにお会いすることはできませんか？」

梅田はこの時点で、幸治が受取人を変更した理由に目星を付けていた。顧問税理士と話をすることでその裏付けが取れると踏んでいたのだ。

＊

３日後、今度は梅田の方から前川商会を訪問することになった。その前に、会社のそばのコンビニにも立ち寄ってみた。前川商会が経営するコンビニだ。店内の様子を見たいというより、弟・誠二を一目見ておきたいというのが本音であった。

あたかも何か買いたいものがあり、そしてそれが見つからないといった様子で店内を行き来する。すると、飲料コーナーの前を通ろうとした時、バックヤードから男性の店員が店内に入ってきた。ひょろっと痩せたその男性は梅田より背が高く、180センチはありそうだ。ネームプレートを付けていないが、胸ポケットからたばこが見える。そのままパチンコ台に座っている姿が想像できた。レジへと歩く後ろ姿が、どことなく博之のそれとよく似ていた。やや眠たそうな顔つきで、決して愛想が良い店員とは言い難い。

「間違いない。弟の誠二さんだ」

梅田は誠二のレジではなく、女性店員がいるレジでガムを一つ買い、店を後にした。

前川商会に着き、受付係から案内された応接室で待っていると、博之と一緒に顧問税理士と思われる女性が入ってきた。

「こちらが税理士の梶先生です」

いくつか梅田より年上と思われる、落ち着いた雰囲気の女性だった。名刺には、「あけぼの税理士法人」と書かれていた。この辺りでは有名な大手税理士法人である。

博之から紹介され、梅田も名刺を差し出す。

「ＦＰの梅田と申します。今日はお時間をいただきありがとうございます」

このように顧客、顧客の顧問税理士、そして梅田という三者面談は今まで何度もあった。梅田にも、税の知識を用い、顧客に「タックスプランニング」[1]という表現を使いながらアドバイスをすることはよくある。しかし、税のプロを前にすると、野放しになって走り回っていた犬がリードでつながれたような気分となり、気後れしてしまうこともあった。

ただ、今回は自分から言い出した三者面談である。気後れするどころか、その場を仕切るように、梅田が会話の中心を担った。

「今回、博之さんからＦＰ相談を受けていたのですが、会社のこと、例えば自社株の評価額など、いくつかお聞きしたいことがありましてご足労いただきました」

梅田の後、博之が補足する。

「梅田さんには今後、梶先生と同様にいろいろとサポートしてもらいたいと思っています。うちのこと、全て開示してもらって構いませんので」

３人がそろって話すこの機会は、今後の会社のこと、そして自分のことを考える良い機会だと博之は捉えているようだ。

一通り会社の経営状況を確認しながら、梅田は今回の受取人変更について言及し始めた。

1　「タックスプランニング」はＦＰ技能検定で出題される６分野のうちの一つであり、所得税・法人税・消費税等を学ぶ。税負担を考慮したキャッシュフローを前提に将来の収支や貯蓄、投資について考えることを指す。

「亡くなられた前川社長が、生命保険の受取人を変更されたのがちょうど半年前ですが、そのあたりで何か社長とお話をされましたか？　ささいなことでもいいので教えてください」

聞き込み調査をする刑事のように、あえてテーブルの上ではなく、手元で手帳を開きボールペンを強く握った。

個人契約の生命保険ということもあり、梶はまだそのことを知らなかったようだ。幸治が亡くなって1カ月ほど。梶も顧問税理士としてさまざまな対応に追われ、ようやく相続税の申告に向けて手続きを進めたいと思っていたタイミングであったという。

「特にいつもと変わらず会計報告や書類の受け渡しを行っていましたけど…」

梅田は保険契約の特徴などを簡単に説明しながら、梶に半年前のことを思い出してもらった。梶は腕を組んで記憶をたどっていたが、しばらくすると「あっ」と顔を上げた。

「そういえば、弊社主催の講演会に参加されたのがちょうどその頃です。毎年1回、顧問先向けにゲスト講師を呼んでイベントを行っているんです。著名な政治家やテレビ番組のコメンテーターなどをゲストに呼んでいるので、毎年前川社長にはご案内をしていました」

半年前のこととあって、梶がそのことを思い出すのは比較的容易であったようだ。

「それまでの数年間は忙しいからと参加されなかったのですが、前回はたまたま参加してくださったので印象に残っています」

「ちなみにゲスト講師は？」

「元力士でタレントの貴野山さんです」

「えー、それはすごい。私の父が大ファンで、子どもの頃、よく取組を見ていました。講演内容はいかがでしたか？」少し興奮気味に梅田は質問を続けた。

「面白かったですよ。私は相撲のことはよく分からないのですが、現役当時の裏話などが聞けたのが良かったです」

貴野山は、20年ほど前に活躍し、人気を博した大相撲力士だった。同じく力士の兄と『兄弟力士』として取り上げられ、現役の時はアイドルのようにもてはやされていた。

「あのご兄弟、お父様が亡くなられた時に兄弟でもめて、その時のことを生々しく披露してくださったんです」

講演会の最後、貴野山は「家族の仲が悪いと、ホントに相続は大変ですよー。どこかの兄弟みたいにね」と冗談めかして言い、「早めに、あけぼの税理士さんに相談しといてくださいね」と梶たちへのリップサービスで締めくくったという。

「会場は大いに盛り上がっていましたよ」

梶が話をしている間、梅田は開いていた手帳には一言もメモを取らず、むしろ途中で手帳を閉じた。

力士は土俵に上がる際、前の取組で勝った力士、または次の取組を待っている力士から「力水」を受ける。これは神聖な土俵に上がる前に、身を清めるためのものである。また、仕切りの合間に塩をまくのも、清めの意味と、けがをしないよう安全を祈願する意味がある。そして仕切りを繰り返しながら相手力士との呼吸を合わせる。制限時間になると、客席から大きな拍手が湧き、いよいよ立ち合いになるのだが、必ずしも制限時間まで仕切る必要はない。両者の呼吸が合えば、制限時間前に立ち合っても構わない。

梅田は、まさに制限時間まで待てないという様子だった。しかし、相続という一家のセンシティブな問題に首を突っ込む以上、しっかりとお清めをしなければならない。力水を受ける自分を想像しながら気持ちを落ち着け、事なきを得ることを願いながら、博之と向き合った。父・幸治がどういう想いで生命保険金の受取人を変更したのか、早く伝えたくて仕方なかった。

「きっと、お父様にとって、その講演会が自分の相続のことを考えるきっかけになったのかもしれませんね。今となってはお父様の真意を聞くことはできませんが、きっとこういうことだと思います」

なぜ幸治が受取人を変更したのか？　梅田は自分の心に浮かんだその理由を、一つの可能性として博之に丁寧に説明した。ＦＰ資格を取得している博之はそれをすぐに理解できた。

「なるほどー。そうか、そういうことか。それなら誠二も分かってくれるかもしれません。もうすぐ、誠二の勤務終了時間になりますので、この後、ここで説明してもらえませんか？」

＊

15分ほど待つと、博之が誠二を連れて応接室に戻ってきた。梅田が数時間前にコンビニ店内で見掛けた男は、やはり誠二で間違いなかった。誠二はその時よりやや柔和な顔つきをしていた。

「お世話になります」そう一言だけ発してソファに腰掛けた。

いくら不仲とはいえ、誠二もいい年をした大人だ。場所と雰囲気を察し、博之とも何やら言葉を交わしていた。

「お仕事の後、お疲れのところ大変申し訳ありません。それほどお時間はいただきませんので」

梅田はそう切り出し、単刀直入に核心に触れた。

「お父様の相続の件ですが…」

先ほどまでの誠二の柔和な顔が、コンビニで見掛けた時よりも気だるそうな表情へと一変した。

「その話でしたら、兄とまたゆっくり話をしますので…」

「いえ、ぜひ今日聞いていただきたいのです」

梅田は間髪入れずそう返した。

「お父様はきっと、博之さんと誠二さんのことを想って、受取人の変更をしたのだと思います」

「それはないでしょ。やっぱり兄の方に全て託したかったのですよ。自分なんか、これっぽっちも期待されていないし、信用もされていない。今回の件で改めてそう感じました」

誠二は一瞬声を荒らげそうになったが、すぐに冷静になり、淡々と語った。

「確かに、会社経営についてはお兄様に期待されていたかもしれません。でも、だからといって、誠二さんのことを考えていなかったわけではないと思います。きっとお二人がもめなくていいように、こういう手続きをされていたのだと思います」

誠二は何か言いたげな顔をしていたが、その返答を待たずに梅田は続けた。

「では、もし受取人を変更していなかったらどうなったか、先に説明させてください」

梅田は、梶と名刺交換をした際にそのままテーブルの上に置いていた名刺入れから、自分の名刺を2枚取り出した。将棋の駒を指すかのように、右手側と左手側に、それぞれ1枚ずつ置く。

「今回、ご兄弟が半分ずつ死亡保険金を受け取った場合、それぞれ2000万円ずつとなります。なるべく分かりやすく細かい話は割愛しますね。ところで、お父様の相続で最も大きな財産は何だと思いますか？」

「会社…ですか？」

誠二はすぐに答えた。

「その通りです。会社、つまり会社の株式ということになります。株式は経営権、支配権という要素もあるため、現状からすると博之さんが相続する方が適当だと思われます」

「私も会社のことについては特に口を出すつもりはありません。兄の方が適任なのは誰もが分かっていることですから」

そこで梶が会社の株式の評価について誠二に説明を始めた。梅田はすっかりぬるくなったお茶を口に含みながら、視線を誠二から離さなかった。

「あくまで概算ですが、８０００万円程度はあると思います」

「え、うちの会社ってそんなに価値があるんですか？」

誠二が驚いて聞き返す。どうやら会社の株式の具体的な評価額を知ったのは初めてのようだった。

前川商会のような非上場の中小企業の場合、会社の規模に応じて類似業種比準方式や純資産価額方式といった方法を用い、株価を算出する。長く続いている会社ほど、それまでの利益が純資産を押し上げ、株価が高く評価されやすい。

「仮にお父様の財産が会社の株式のみだったとしたら。少し考えてみてください」

誠二はなんとも言えない表情を浮かべた。

「生命保険は平等でも、８０００万円も価値のある会社を全てお兄様が相続する。きっと誠二さんは不満を感じると思います。少なくとも私が誠二さんの立場だったら、遺留分を主張しますよ」

「遺留分って、なんですか？」

そう質問する誠二に、梅田は右手を高々と上げ、そして前に突き出しながら、

「『ちょっと待った！　俺の取り分が少ない』と主張することができる割合のことです」と伝えた。

「相続の場合、遺言などで他人が関わってくることも考えられますので、相続人が最低限の財産を確保できるように遺留分があります。今回の場合、相続財産8000万円の2分の1[2]が博之さんと誠二さんの遺留分、それをご兄弟で半分ずつ分けた金額がお二人それぞれの遺留分となります」

「ということは…、私の遺留分は2000万円？」

「はい、そうなります」

「でも、生命保険で2000万円もらっているし、遺留分を主張できないのでは？」

梅田は誠二からこの一言を待っていた。ここまでの梅田の話を誠二が理解している証拠である。気付いてくれてよかったと安堵（あんど）した表情を浮かべながら、梅田は続けた。

「ここが最大のポイントで、生命保険金は、原則として遺留分に算定されないのです。受取人固有の財産といいまして、遺留分にはカウントしない。そうすると、誠二さんは生命保険金を受け取り、なおかつ遺留分を主張できるのです」

2　遺留分の割合は、相続人が親など直系尊属のみの場合は3分の1、それ以外の場合は2分の1であるため、多くのケースで2分の1となる。

梅田は２枚の名刺を拾い上げながら、

「そこでお父様は、受取人を全て博之さんに変更したのだと思われます」と言い、名刺を重ね合わせて博之に差し出すそぶりをした。まずは４０００万円全額を博之が受け取る、ということを表現したつもりだ。

「遺留分に算定されない生命保険金を全て博之さんが受け取る。そして、受け取った保険金から一定割合を誠二さんに現金で渡す。これで誠二さんの遺留分を満たすことができるのです。これを代償分割といいます」

続けて梅田は、重ね合わせた名刺の１枚を、保険金の半分である２０００万円に見立てて、誠二の方へ差し出した。

誠二はいったん首をかしげそうになったが、そのままゆっくりとうなずき、理解できたという顔をした。

「なるほど、私が遺留分を主張して、会社の株を兄弟で分けることになったら、ますます兄弟でもめることとなる。それを防ぐために全て兄が引き継ぎ、私が納得する金額を兄が私に渡す。そんなことを父はもくろんでいたのですね」

「おそらくそうだと思います。誠二さんが遺留分を主張するという心配よりも、２人がいかにもめずに相続できるかということをお父様は考えられたのでしょうね。もしかしたら今後、その旨を記述した遺言も作成しようと思っておられたのかもしれません」

一瞬の沈黙の後、梶が付け加えた。

「それと、もし受取人が変更されていなかったら、誠二さんは相続を放棄することも考えたかもしれません。放棄しても生命保険金は受け取ることができますので」

「実は、その放棄については少し調べていました。聞いたことがあったので」

誠二がそこで口を挟んだ。誠二なりに相続と向き合い、どうすべきか考えていたようだ。

「親が借金をたくさん残しているときは、放棄すれば返さなくていいとか、そもそも財産を分けることでもめたくないときに放棄ができるんですよね？」

誠二は場の雰囲気に慣れてきたのか、それともなんらかの心境の変化なのか、声も大きくなり、話すペースもやや速くなった。梶がそれに答える。

「その通りです。ご兄弟で会社のこと、財産のこと、長時間かけて話をしていかなければなりません。それらを負担と感じた誠二さんは、生命保険金だけ受け取り、相続を放棄するということも考えられる。ただ、この場合、誠二さんが払う相続税が増える可能性があるのです」

「えっ？」

誠二は初めて聞いたという表情で梶に聞き直した。

「生命保険金は『500万円×法定相続人の数』までの金額が非課税枠として適用されます。仮に誠二さんが相続を放棄しても、法定相続人であることに変わりはないため、５００万円×２人で、１０００万円が非課税枠となります。ただ、放棄した人にはこの非課税枠が適用されないのです」

相続税は、その他全ての財産や控除などを踏まえて計算するため、今の段階では明確に言えない部分もあるが、梶の言う通り、誠二の税負担は大きくなっていたかもしれない。

父・幸治がどこまで見越していたことなのか、当然知るすべはない。だが、自分と梶の説明で、誠二が抱いていた保険金受取人変更への不満が少しでも解消されれば。そんなことを考えながら梅田は誠二を見つめていた。

一通り説明を終えた梅田と梶に博之がお礼を言おうとした時、

「ありがとうございました」

先にお礼を言ったのは誠二であった。

誠二は、ソファからゆっくりと立ち上がり、梅田と梶に向かって深々と頭を下げた。お礼を言うその声から、涙をこらえていることがうかがえた。

「父が私を気に留めていてくれたことは十分感じていました。母が亡くなった後も、父は弱音の一つも吐くことなく、自分が作った会社を守ろうと一生懸命働いていました」

父のことを思い出しながら話す感傷的な表情は兄弟よく似ている。梅田はそう思いながら誠二の話に耳を傾けた。

「兄に会社を継いでほしいと連絡があったように、私にも短時間でもいいから働いてくれと度々連絡をくれていたんです。その際、『博之に電話をするときは、必ずおまえにも電話をしている』と言ってくれたことがうれしかったんです。それで、コンビニで働くことを決めました」

誠二はすっかり穏やかな口調になっていた。

「だから、受取人が全て兄に変更されていたということを知った時はショックでした。でも、きっと何か私たち兄弟のことを想ってのことだろうと、いくらか期待している自分がいました。ただ、法律とか税金とかよく分からなくて。駄目ですね、自分で調べようともしなかったので」

誠二は全て話すことができてすっきりしたと言わんばかりの表情で、もう一度梅田と梶に頭を下げた。そして、無邪気な笑みを浮かべた。

「後は、死亡保険金を全部受け取った兄貴から、たーくさん分けてもらいますので大丈夫ですよ。代償分割でしたっけ？　しっかり覚えましたし」

誠二は一段と頬を緩ませ、視線を博之にやった。博之も、その視線をしっかりと受け止め、「相変わらず手の焼ける弟だな」と、あたかも困惑しているようなそぶりを示しながら、白い歯をこぼした。

＊

誠二と税理士の梶は既に退室していたが、梅田と博之は応接室に残っていた。

「梅田さん、本当にありがとうございました。やっぱりＦＰ１級を持っている人はすごいなぁ」

「そう言っていただけるとうれしいです」

「私も１級まで目指そうと思ったのですが、なかなか難しくて。今回の代償分割や遺留分も勉強していたのですが、受取人を変更したことと結び付きませんでした。やっぱりプロ！　さすがですねー」

「ありがとうございます。会社の事業承継や法人税の仕組みなど、ＦＰの分野は会社経営に役立つ知識も多いので、ぜひ博之さんももう一つ上を目指されては？」

「はい、検討してみます。ただ、しばらくはゆっくり試験勉強できる環境じゃなさそうですけどね」

長男として、後継者として、博之にはこれから考えなければならないことが山のようにある。しかし、その重荷に対する不安は微塵もないかのように、博之は晴れやかな顔で笑った。

梅田を見送る際、博之は「この後、誠二を飲みに誘ってみます」と梅田に伝えた。

梅田もまた、前川商会を後にしながら、しばらく会っていない弟に無性に会いたくなった。そして、梅田の場合は、幸いにも父親がまだ健在である。

梅田の父も、幼少の頃はよく一緒に遊んでくれた。父親と男兄弟2人、日が暮れてボールが見えなくなるまでキャッチボールをしたこともあった。

父から兄・真一へボールが渡る。一度父に返すと、今度は弟へ。父を起点としたキャッチボールは、時にランダムに投じられるものの、兄弟がボールに触れる回数はいつも均等だった。

どの親も、本来、子どもは等しくかわいいはずだ。それなのに、親が亡くなり、その財産を巡って遺族である子ども同士がいがみ合う。残念なエンディングである。そうならないためにも、遺言を書くことや生前にしっかり話し合いをしておくことが重要であると再認識する機会となった。

今回はきっと、「争族」になることはないはずだ。

もう一度、博之と誠二が目を合わせたシーンを思い出しながら、梅田は確信した。

仮に、博之が受け取った死亡保険金4000万円のうち、半分の2000万円を代償分割として誠二に渡したところで、2人が受け取る額は受取人変更前となんら変わらない。ただ、2人にとって争い事や不利益となる要素を排除するために、幸治は受取人を博之だけにしておくことが得策だと考えたのだろう。2人なら、いつかは自分の意図を理解してくれる。そんな父の想いが込められていたのかもしれない。

父・幸治の息子たちへの想いが、２人それぞれに続いていく「想続」になれば。そんなことを考えながら梅田は駅へと急いだ。

生命保険と相続アドバイス！

今回は生命保険の受取人が変更されていたことによって、もともと仲の良くない兄弟がさらに険悪なムードとなりましたが、見事、私が父・幸治さんの気持ちを推察し、事なきを得ました！

「ダイイングメッセージ」はちょっとオーバーでしたが、亡くなった人が何を伝えたかったのかを探るべく、ついまた、刑事気取りになって取り組んでしまいました（笑）。

通常は、亡くなった人の意思表示でもある遺言が優先されます（指定分割）。そして今回のように遺言がない場合は、相続人で話し合いを行う遺産分割協議でどのように財産を分けるか決めることになります（協議分割）。今回は「争族」とはなりませんでしたが、この段階でもめることが多いため、その後、裁判所での調停や審判という流れになることも。

「指定分割→協議分割→調停→審判」という優先順位は覚えておいてくださいね。

ただし、生命保険については受取人が明記されているため、民法上は受取人の財産として他の財産とは位置付けが異なります。よって、梶税理士が指摘していたように相続を放棄しても保険金だけは受け取れるのです。確実に誰かにお金を残してあげたいというときは、生命保険が有効ですね。

それから、やはり遺族がもめなくていいように、遺言を書いておきたいところです。遺言のうち、自筆証書遺言は、従来は全て遺言者自身が自筆することが求められていました。しかし、２０２０年の民法改正で、財産目録については、パソコンでの作成や、登記事項証明書・預貯金通帳等のコピーの使用も認められるようになりました。加えて、法務局で遺言書を保管してもらえる制度も創設されており、自宅で保管する場合に比べ、遺言書の紛失や改ざんといったトラブルを回避することが可能になりました。

また、財産が多い場合は、相続人が10カ月以内に相続税を納める必要があります。取り分でもめて、そして納税資金も準備しなければならない。やっぱり相続は大変ですね。今回、前川兄弟は無事スムーズに相続することができそうですが、読者の皆さんの場合はいかがでしょうか？　ご自身やご両親のエンディングについて、これを機にゆっくり考えてみてほしいです。

第6話

母が行方不明？　隠された真相

「梅田さん、ご無沙汰しています。お元気ですか？」

電話の先から聞こえる声に聞き覚えがあったが、梅田はすぐには思い出せなかった。電話越しに梅田の戸惑いが伝わったのか、相手は慌てて言葉を継いだ。

「以前、海外滞在時の年金についてアドバイスをしてもらった、藤野明子と申しますが…」

梅田が開業間もない頃、フィリピンのセブ島から一時帰国中にFP相談に来た藤野という女性だ。

「藤野さん！　覚えていますよ。ご連絡ありがとうございます」

FP相談は、1回だけの相談や一定期間のみの対応で終わることも多いため、このように再度連絡をもらえるというのはうれしかった。一定の距離感を保ちながらも顧客の人生に伴走している気がして、FP冥利（みょうり）に尽きる瞬間だ。

「前回は出国前でバタバタしてご迷惑をお掛けしましたが、今回は昨日帰国したばかりなんです。

１週間ほど日本にいますので、もしお時間があればまた相談したいことがあるのですが」

貴重な帰国中の時間を使い、またこうやって依頼をしてくれた。なるべく早い方がいいと、翌日の夕方、来所してもらうよう梅田は伝えた。

「16時・藤野様」と手帳に記入した後、卓上カレンダーにも予定を書き込んだ。最近はスマートフォンでスケジュール管理をする人も多い。梅田もまたスマホを使いこなしてはいたが、スケジュールだけは、手帳と卓上カレンダーを用いる。二度記入することで予定に漏れがないように心掛けていた。

「そういえば、藤野さんのお母さんは携帯電話も持っていないという話をしていたな」

梅田は、パソコンに保存していた藤野の顧客データを呼び出して、相談時の会話を思い返した。顧客データには、相談内容の他にこのようなささいな会話等も記録しておくようにしていた。例えば、「芸能人の○○さんに似ている」といった相談者のイメージも記入してある。相談内容はどうしても似たような展開になることが多く、印象に残ることを記録しておく方が、細かいことまで鮮明に思い出すことができるからだ。

翌日の16時。ドアをノックする音が聞こえ、久しぶりに現れた藤野は、以前にも増して顔が日に焼けた印象がある。

「こちらにお掛けください」梅田に代わってそう対応したのは、スタッフの白木智子である。

開業2年目に梅田がホームページでスタッフ募集を行った際、誰よりも早く連絡をしてきたのが白木だった。募集ページを作ってすぐの応募だったが、「あのー、あのー、白木と申しますが…」と電話越しの白木はあまりにもしどろもどろで、梅田は思わず吹き出してしまった。しかし、梅田はその後の面談で白木の熱意を高く評価し、採用に至った。

白木は以前、筑後中央証券に勤務していたが、社内結婚と出産を経て、仕事を離れていた。しかし、また現役の時のように働きたいという思いから、育児の合間を縫って勉強に励み、1級FP技能士の資格を取得した。

そんな時に、白木は梅田FPコンサルティングの存在を知った。まず通勤できるエリアにFP専業の事務所があることに驚き、その後はホームページとブログを見るのが日課となっていたという。そのため、スタッフ募集のページを目にした途端、細かい条件を読み終わらないうちに無我夢中で電話をかけてきたのだ。

銀行出身の梅田にとっては、白木の情熱に加え、彼女が証券会社出身であることも決め手となった。年齢も近い2人でアイデアを出し合えば、面白いことができるのでは？ そう梅田は期待していた。

とはいえ、小さなＦＰ事務所。報酬体系をはじめ勤務環境も整っていない。白木は自身所有のパソコンを毎回持って出勤する。専用デスクはなく、いつもは、今まさに藤野に座るように勧めた応接テーブルで仕事をこなしていた。

「スタッフの方が入られたのですね」

藤野が梅田に尋ねた。

「そうなんですよ。週２日程度のパートをお願いしたのですが、毎日のように出勤してくるので、人件費が大変で困っています」

あっちに行けと言わんばかりに手の甲を白木に向けながら、梅田は軽口をたたく。すると、「梅田が淹れるお茶はあまりおいしくないので、心配で今日も出勤しました」と間髪入れず白木が気の利いた返答をした。

「よかったらどうぞ。おいしいお茶です」と白木が藤野にお茶を差し出すと、一気に場のムードが明るくなった。

少しでも相談者が話しやすい雰囲気を作る。藤野との最初の相談の時にはこんな余裕はなかったかもしれない。開業当初の自分の姿が思い出され、梅田は自分がＦＰとして確実に前進していることを感じた。

藤野もまた、セブ島で充実した日々を送っていたようだ。英語が上達したこと、昇進したこと、そしてお金のやりくりにも余裕ができたことなどをうれしそうに話す藤野の顔を見て、梅田もまた満面の笑みを浮かべた。

「今回は私のことではなくて、母のことについて相談したくて」

藤野の母は、藤野がセブ島で働き始めてからというもの、ずっと日本で1人暮らしを続けているという。

「母の家計を見てもらえませんか？　できれば長期的にサポートをしてもらいたいのですが」

藤野からの依頼に、梅田は悩むことなく即答した。

「もちろんです。以前、お母様にうちの事務所のことを紹介したいと言ってくださったこと、すごくうれしかったんですよ。ぜひサポートさせてください」

梅田にとっては願ってもない依頼であった。白木をスタッフとして受け入れ、何か彼女が担えるサービスができないかと、家計簿ソフトを利用した家計収支見直しサービスなど、新たな対応メニューを検討していたところだったからだ。

「まだまだ母は元気ですが、私が海外にいることもあり、何かと心配で。家計管理を通して定期的に母と会う機会を作ってもらえるとうれしいのですが」

「一度、藤野さんが帰国中にお母様とご一緒に来ていただくことは可能でしょうか？」

早速、次の日に再訪するという約束を取り付けた。

＊

翌日、藤野が母親を連れて事務所を再度訪れた。

「こんにちは、梅田さん。お忙しい中、度々すみません。母の節子です」

藤野の一歩後ろに年配の女性の姿があった。67歳と聞いていたが、実年齢よりもいくらか若く見えた。

「いつも娘の明子がお世話になっております」

あいさつを交わし、娘・明子は昨日と同じ位置に座り、その隣に母・節子が腰掛けた。梅田もまた前日と同じ位置に座り、明子と向き合った。そして今回は、白木も最初から面談に加わるため、お茶を出し終えた後、梅田の隣に着席した。

梅田は節子を見ながら、簡単にここに至るまでの経緯を説明した。

「そんな大した資産もないのに、専門の人に見てもらうなんて、なんか申し訳なくて」

ＦＰ相談の際、このように資産や収入が少ないことで相談者が恐縮するケースは多い。そんなとき、梅田は決まって、自分の事務所を小さな町の商店街にある電気屋に例えた。

「うちは豆電球1個の交換から承りますよ。遠慮せずいつでも困ったときに頼りにしてもらいたい。そんなスタイルでやっておりますので」

これは梅田の本音であった。

ビジネスとして考えた場合、資産の多い顧客層から高い報酬をもらう方が効率的である。一定の顧客層に絞り展開することを考えた時期もあったが、どうにも梅田の中でしっくりこなかった。門戸を広くしておくことでさまざまな相談が寄せられる。それは梅田にとって多くの気付きや学びにもなる。また、生活に困っている人や悩みを抱えている人を支えることができるのもFPの役割であるという思いが強かった。その結果、今のスタイルに落ち着き、相談料も業界平均よりやや低く設定していた。

「では、毎月1回定例相談を行うということで。お母様は先ほどお伝えしました資料の準備をお願いします。主に白木が担当させていただきますね」

今後、節子には、毎月の月始めに来所してもらうことで話がまとまった。節子には事前に一カ月分の領収書やレシート、そして通帳のコピーを郵送してもらう。それを白木が各費目に振り分けて入力し、前月や月平均との比較を行いながら家計全般のアドバイスをするという計画だ。また、実の娘に細かい家計状況は知られたくないという節子の要望を踏まえ、詳細には触れず、面談を実施したことや節子の様子などを定期的に明子にメールすることも約束した。

月額報酬は４５００円。対して、事務所家賃は日割りにしても３０００円はかかる。データ入力に１～２時間、コンサルティングも同程度の時間、そして人件費もかかる。

「顧問料、もう少し高くした方がよかったのでは？」

藤野親子が帰った後、白木が心配そうな顔をして尋ねた。

「いや、あれ以上は負担になるでしょ。一つ一つの案件ではなく、１年通してトータルでビジネスとして成り立てばそれでＯＫ」

白木に回答したというより、自分に言い聞かせるように梅田はそう答えた。

＊

「まずは、今月も50：30：20の比率ができているか確認しましょう」

藤野節子の家計サポートを開始して3回目の面談の日。白木がメイン、梅田がサブに回り、節子に支出のバランスについてアドバイスを行っていた。節子の場合、収入は基本的に年金のみであるため、相談時間のほとんどは、おのずと支出中心の話題となる。

サポート開始以降、節子には、収入の50％を生活に必要な支出とし、30％を趣味や買い物、残りの20％を貯蓄に充てるという、米国で有名な支出バランスルールを意識してもらうようにアドバイスを行っている。

節子の年金は月額15万円。65歳以降は、「1人1年金」[1]が原則のため、節子自身の老齢基礎年金（国民年金）と老齢厚生年金が支給されることになるが、節子の場合は併給調整[2]で遺族厚生年金も受給していた。ここで、節子が一人で生活している理由が夫との死別であることが分かった。

現在の節子の自宅は持ち家で、住宅ローンの返済も終わっている。そのため、15万円の50％、7万5000円で光熱費や食費を賄うことはそれほど難しくなかった。また、趣味は登山で、週に2、3回は登山仲間と自宅から車で15分程度の室見岳を登っている。そのためウェアなど登山グッズの領収書が毎月のように提出されていたが、登山仲間との食事会などを含めても月に3万円程度であった。

「3カ月連続で支出は50：30の範囲内に収まっていますよ。その分、目標の20％より多い金額を貯蓄に回すことができています。この調子で頑張ってくださいね」

「明子さんに、『お母様は上手に管理していますよ』とメールで報告しても構いませんか？　細かいことには触れませんので」

節子はうれしそうに小さくうなずいた。

1　年金は老齢、障害、遺族の３つの受給方法があるが、２つ以上の年金を受け取れる場合、いずれか一つの年金を選択しなければならない。

2　65歳以降は自分自身の老齢厚生年金が優先支給されるが、自身の老齢厚生年金よりも遺族厚生年金の方が多い場合は、その差額が遺族厚生年金として支給される。これを併給調整という。

節子の貯蓄額はこの時点で４００万円ほど。一つだけ加入している生命保険は、死亡保険金が５００万円で受取人は明子になっており、保険料の支払いは既に終わっている。

年金の範囲内で生活できていることを考慮すれば、決して貯蓄額は少なくはないし、葬儀代としての死亡保険金も十分な額といえる。ただ、今後の医療費や介護にかかる費用などを見越しておくともう少し貯めておきたいところだ。

「藤野さんの場合、２割といわず3割以上、毎月５万円を貯蓄の目標ラインにしましょう」

白木がいつもより明るく高いトーンで提案した。

「通常、藤野さんぐらいの年齢の方は、ほとんど貯蓄を取り崩さないといけない状況です。そんな中、毎月、貯蓄ができるだけでも素晴らしいですよ。月５万円で1年間では60万円。10年間頑張ると６００万円にもなります」

少しずつ貯蓄や投資ができれば、将来的に病院や介護施設併設型のマンションへ入居するなどの選択肢が広がる。白木は10年後を見据えたアドバイスをした。

「もちろん、元気でいつまでも仲間と登山を続けてもらいたいというのが一番ですが」

白木がそう付け加えると、節子は「ええ、それが一番ですね」とほほ笑んだ。

シニア世代に限らず、ＦＰは常に「良いシナリオ」と「悪いシナリオ」を対比させながら話すことが多い。誰もが望む健康な生活が長く続くことを想定しながら、そうでない状況についても避けるわけにはいかない。むしろそういうときに金銭的な問題と直面することになるため、言葉遣いに配慮しながら、悪いシナリオにも切り込んでいく必要がある。白木の声は、決して暗い話をするわけではないということを強調するかのような明るいトーンであった。

また、白木は現役の証券マンである夫から随時情報収集をしているようだ。ここ最近は、節子に対して、最新ファンドを例に出しながら、積極的にリスクを取りにくいシニア層向けの資産運用についても言及するようになっていた。

「預貯金の状況を見ながら、『先進国債券ファンド・為替ヘッジあり』タイプなどに少しずつシフトするのもよさそうです」

先進国の債券は安全性が高く、日本よりもやや高い金利が期待できる。為替リスクが気になるところではあるが、「為替ヘッジあり」というタイプにすることで、そのリスクも抑えることができる。

(うちの事務所の幅が広がった)

期待以上の対応を見せる白木に安心した梅田は、藤野節子のサポートを完全に白木に任せるようになっていった。

*

　その後の面談も白木が予定通りこなし、気付けば節子の家計サポートを始めてから半年が過ぎていた。ここ3カ月の節子の支出では、登山グッズの購入費用や外食費が少しずつ減っていたが、その分、貯蓄額が増えているかというとそうでもない。中には、月5万円どころか、貯蓄ができていない月もあり、梅田と白木はその点を気に掛けていた。

「クレジットカードなど、決済のタイミングで時間差が生じることもあるため、そういった点も考慮する必要がありますが…」

　前月の支出状況について節子に説明する白木は、どことなく歯切れが悪い。

　もしかすると、使途不明金や提出していない領収書があるのでは？　単刀直入にそう指摘したいところであったが、あくまで家計サポートという位置付けであり、税務申告を行うわけではない。梅田はそこまで踏み込む必要はないと白木に指示をしていた。

　節子をサポートするようになり、初めての年末を迎えた。

「白木さんはご主人の実家で年越しですか？」

「はい、主人の実家の長崎で1月2日まで過ごす予定です」

　梅田と白木は、雑談をしながら事務所の大掃除を行っていた。

「そうそう、前から気になっていたんですが、結婚する前はご主人と同じ支店で働いていたんですよね。他の社員にはやっぱり内緒で？」

「はい。付き合ってるのを知っている人は一部の人だけで…」

梅田はニヤッと笑いながら、興味の赴くままに社内恋愛について質問をぶつけた。

「仕事中も2人で話す機会、あったんでしょ？　アイコンタクトとかしてたんですか？」

「そんなことしてないですよ！　でも、実は秘密の合図があって…」

梅田も翌日から帰省し、正月を実家で過ごす予定であった。そんな解放感も手伝い、普段は話さないようなプライベートなことにまで話題が及んだ。白木もこの日ばかりは、それまで引き締めていた気が緩んだのか、当時のことを冗舌に語った。

年が明けて1週間が経過した。それまで節子からは、毎月5日前後にきれいにファイリングされた領収書と通帳のコピーが届いていたが、今月はまだ届いていなかった。年末年始を挟んでいることも考慮し、梅田はもうしばらく待つことにした。

その後また1週間たち、梅田は「まだ届かない」と白木から報告を受けた。しかし、年始は梅田もまた何かと慌ただしい。事務所から出している年賀状をきっかけに、久しぶりに相談をしたいという依頼も多いのだ。その忙しさにかこつけて、梅田は節子にも、そして明子にも、これといった連絡をしなかった。

気付けば、節子からの領収書が届かないまま月末を迎えた。白木から催促される格好となり、梅田は節子へ連絡を入れた。

「藤野さん、本年もよろしくお願いします。行き違いでしたら申し訳ありません。12月の領収書が届いておりませんので、その連絡でした。もうすぐ2月になりますので、今月分と合わせて2カ月分、準備が整い次第送っていただけますでしょうか」

梅田は節子の自宅の留守電にそう残した。節子は携帯電話を持っていないため、メールなどで気軽にやりとりができない。そのことも梅田の腰が重い理由の一つであった。

節子から連絡があったのは、2回目の留守電にメッセージを残した翌日であった。

「梅田さん、度々申し訳ありませんでした。昨年末からバタバタしていまして」

節子の声を聞いて梅田はほっとした。

「いいえ、構いませんよ。でも良かったです、藤野さんの声が聞けて。もしお忙しければ面談は毎月でなくても構いませんよ。例えば3カ月に1回程度でも。藤野さんのペースで、まとめて領収書と通帳のコピーを送ってください。こちらは今まで通り月次でデータ入力を行い、いつでも一緒に家計分析をできるようにしておきますので」

梅田は、サポートの回数や頻度などを、節子の都合に合わせて柔軟に変更することを提案した。もちろん、節子が望めば毎月対応するつもりでいたが、節子は、梅田の提案の通り面談の回数を減らすことに同意し、電話を切った。

この「柔軟な対応」という新たな運用ルールによって、白木、そして梅田が節子を気に掛ける機会は以前より減っていった。結局、2月に入ってからも資料が届くことはなかった。それまでであれば、催促の連絡をするかどうか悩んでいたが、既にそういったことにも考えが及ばなくなっていた。

*

3月半ば。確定申告も終わり、テレビをつけると桜の開花予想が行われている。今年は例年より2、3日開花が早いようだ。梅田と白木は、事務所近くの公園で、弁当を片手に少し長めの昼休みを取っていた。2人で競うようにスマホで桜の写真を何枚も撮った。

事務所に戻り、その様子をブログにアップしようと梅田がパソコンに向かっていると、1通のメールが届いた。差出人は「藤野明子」とある。しばらく節子のことを考えていなかった自分に後ろめたさを感じながら、明子からのメールに目を通した。

そのメールは、母・節子と連絡が取れないという内容であった。何か嫌な予感がして、白木にそのことを伝えることなく、梅田は急いでメールに目を通した。

明子もセブ島での仕事が忙しく、母親へ連絡をする機会は減っていたが、それでも月に一度は電話をしていたとのことだった。電話がつながらないときは「外出しているのかもしれない」と、それほど気にも留めなかった。

しかし、3月に入って、ついに全く連絡が取れなくなったという。ホテルで働いている明子は、年末年始も休みが取れなかったため、4月下旬に久しぶりに帰国することになった。それを母に伝えようと何度も電話をしているものの、毎回、留守電となる。そこで、痺れを切らした明子は、母の様子を聞くため梅田にメールを送ったということだ。

梅田はどう返信すべきか悩んだ。

「何か母に変わった様子があれば教えてください！」と締めくくられたメール。それほど心配をしている様子はない。約束通り、毎月面談が行われているものと信じ切っている明子に、今年に入って一度も面談を実施していないこと、電話で連絡が取れたのは一度きりだということを、どう伝えていいものか、梅田は頭を抱えた。

それと同時に、本当に節子がなんらかの事件に巻き込まれているのでは？という不安もあった。そうであればなおさら、一刻も早く明子に知らせなければという思いもあり、今の状況を包み隠さず伝えることにした。

すぐに明子から返信があり、翌日、梅田が節子の自宅まで様子を見に行くことになった。

近年は高齢者が認知症などにより徘徊（はいかい）するというケースが増えており、そのまま行方不明になることも少なくない。節子は年齢的にも、そしてそれまでの振る舞いからもその可能性は低いと思いたいが、完全に可能性を排除できない。

そんなことを考えながら梅田は節子の自宅へと向かった。

オレンジ色の瓦が印象的な一戸建ての玄関には、アルファベットで「ＦＵＪＩＮＯ」という表札が掲げてあった。亡くなった夫と、そして明子と生活していた自宅に、節子は一人で住んでいる。

梅田がチャイムを鳴らしても返事はない。やはり節子はいなかった。いつもなら刑事気取りとなる梅田も、いざこういう場面に直面すると、そんな余裕すらなかったが、それらしい着眼点だけはしっかりと持っていた。

表札の隣のポストに目をやる。新聞や手紙がはみ出している様子もない。長期間不在にしているわけではなさそうだ。しかし、それ以外に手掛かりを見つけることはできなかった。

これでは明子に報告できないと思い、梅田は近所への聞き込みを始めた。すると、数日前に節子らしい姿を目撃したという人からの話が聞け、梅田はすぐに無料通話アプリを使って明子に連絡を入れた。こういう事態となり、明子と梅田はＩＤの交換を済ませていた。

「お母様、新聞購読されていますよね？　新聞や郵便物がたまっている様子はありませんでした。それから、お母様を見掛けたという近所の人もいましたよ」

なんらかの事情があり、家以外で過ごす時間が長いのではないか。または、旅行や趣味を楽しんでいるだけかもしれない。少なくとも事件に巻き込まれて行方不明になっている可能性は低いのではないか。梅田がそう伝えると、明子も少し安堵（あんど）し、通話を終えた。

＊

明子は予定通り４月下旬に帰国した。結局、節子にそのことは伝えることができていないままだった。実家の鍵も持っているため、帰国した後で節子からゆっくり事情が聞けると踏んでいたようだ。

明子は実家に荷物だけ置き、急いで梅田を訪ねてきた。

「わざわざ自宅に様子を見に行ってくださり、ありがとうございました」

「いえ、こちらこそ申し訳ありません。もう少しコンタクトを取っていればよかったのですが」

明子が実家に戻った時、節子はやはり不在だったようだ。明子は手土産のチョコレートを梅田に差し出した後、茶封筒を5つ取り出し、梅田の前に置いた。

「これは…」

梅田はその中に何が入っているかすぐに察した。

封筒の表書きからも、明らかに、郵送を催促した12月分の領収書の綴りが入っていることがうかがえた。節子は面談をしなかった間もきちんと取り組んでくれていたようで、1～4月分の綴りも月別に封筒が分かれている。「梅田FPコンサルティング株式会社御中」と、丁寧な字で宛先まで書いてある。ただ、切手は貼られていない。

節子は毎月、資料だけは用意していたが、投函(とうかん)をためらう理由があったようだ。梅田と白木は、節子が資料を送れなかったのは、自分たちに原因があるのでは？　と、一抹の不安を覚えていた。

前回明子が訪問した時のような軽妙なやりとりは、なりを潜めた。

以前は毎月預かっていたものとはいえ、サポートを怠った後ろめたさもあり、梅田は開封をためらっていた。すると明子が全ての封筒を開け、梅田と白木にその中身を差し出した。

「宛先まで書いてあります。もともと梅田さんや白木さんに細かく見てもらうためのものです。娘の私も一緒ですし、ぜひ一つ一つ見て、何かヒントになるものがないか、お二人も探してください」

事件性が低いと分かってはいるものの、やはり帰国したその日も母が不在となれば、明子の不安も膨らむ一方だろう。真剣だがどこか心細げな明子の表情を見て、梅田はうなずいた。

梅田と白木は、いつものように月々の支出の傾向を分析し始めた。

節子の領収書のまとめ方は、今までと変わらずとても丁寧だったが、その内訳は大きく変わっていた。

まず、鉄道会社が発行する「電車代９５０円」の領収書が複数枚。交通系ＩＣを使わずに、いちいち切符を買っては領収書をもらっていたようだ。節子らしい。

加えて、コンビニの領収書も、先ほどの電車代と同じぐらいの枚数が束ねてあった。よく見ると、全て同じ店舗で、「西日本大学病院内」とある。

「ひょっとして、母は前からこの病院に通院していて、先月から入院しているのではないでしょうか？　私に心配掛けまいと、一人で闘病生活を送っているのかもしれません」

明子は今にも病院に向かいそうな勢いでそう話した。

「確かに、登山や交友関係の支出が減っていたのが気になって、指摘したのを覚えています」

白木が最後の面談となった日のことを思い出しながら、明子に伝えた。

「間違いないですね。うちの母、こういうところがあるんですよ。父が亡くなった時も、私の前では一切弱音を吐きませんでした。病気、大したことなければいいのですが」

明子はそう言いながら、早速スマホを使って西日本大学病院の所在地を検索し始めた。

一人釈然としていないのは梅田である。今、入院をしていても、一時退院や外出を許可され、時折自宅に戻り新聞や郵便物を整理することはできる。その際に近所の人と顔を合わせた。あり得る話だ。

電話の着信や留守電は気付いていたのかどうかは分からないが、病気自体はそれほど重いものではなく、頃合いを見て連絡する予定が、なかなかその機会がなかった。これも考えられる。ただ、こうやってわざわざ領収書を整理するだろうか？　梅田がその疑問を口にすると、白木が自分自身の入院経験を踏まえ、それに答えた。

「私は以前入院した際に、ジグソーパズルをいくつもこなしました。暇だったので。領収書整理は、入院患者にとってうってつけでは？」

しかし、領収書の確認を進めると、病院内のコンビニでの買い物は2月までで、3月分の綴りには1枚もないことが分かった。同時に、電車代950円も3月には発生していない。

梅田はもう一度、通帳の取引を一つ一つ確認した。既に節子は4月分もほとんど準備を終えていた。まだ4月は数日残っていることもあり、通帳のコピーは4月15日の欄が最後となっていた。

ちょうどそこから通帳のページが切り替わる。5月になれば月末に使った領収書を追加し、通帳記帳を行えば、新たなページをコピーするだけですぐに郵送できる状況になる。これほど几帳面に管理してくれていることが、梅田にはうれしかったが、だからこそ、なぜ郵送にたどり着かないのか？　と、梅田の疑問はさらに深まった。

「ひょっとすると…」

梅田の頭には一つの可能性が浮かんだ。通帳の最後のページを見終わった後、明子にゆっくりと話し掛けた。

「確信は持てないのですが、お母様は生活の変化…というより、人生の大きな転機を迎えられたのだと思います。ご近所の方の話もありますし、きっと今日中にでも自宅に戻られると思いますよ」

明子は腑に落ちないという顔をしていたが、最終的には梅田の見解を支持し、病院には行かず、自宅で節子を待つことにした。

＊

梅田の予想通り、節子はその日の夜、自宅に戻ってきた。自宅にいる娘の姿を見て、節子はひどく驚いた様子を見せた。

連絡が取れず、ずっと心配していた明子は、節子の顔を見た瞬間、それまで交錯していたさまざまな思いを、厳しい言葉にして節子にぶつけた。一方節子には、娘に伝えなければならないことがあったが、突然の再会に心の準備ができていなかった。うまく話せずまごつく母の様子を見て、明子の怒りはさらに増大し、激しい剣幕で捲し立てた挙げ句、自分の部屋にこもってしまった。

翌日以降、明子は友人との食事や買い物の予定を優先し、実家で過ごすことを意識的に避け続けた。節子もまた、自分のペースを崩さず、日中ほとんど不在にした。すれ違いの数日を過ごし、結局、2人が言葉を交わす機会は、節子が家に帰ってきた日以来ほとんどなかった。

節子の様子を見て、認知症や入院といった不安材料がなくなったものの、明子の中では「なぜ電話連絡がなかったのか」という一点だけに憤りが集中していた。そのため、「節子が大きな転機を迎えているのでは？」という梅田の予想は、明子の頭の中からすっかり消えていた。

そうこうしているうちに、あっという間に明子がセブ島に戻る日がやってきた。その日、明子は朝食を取りながら、領収書や通帳のコピーを全て梅田と白木に渡したこと、2人も連絡を待っていることを、目を合わせることもなく台所にいる節子に伝えた。その後、素っ気ないあいさつだけ交わして、明子は空港へと向かっていった。

明子がセブ島に戻った翌日、梅田の事務所には数カ月ぶりに節子が訪れていた。

黙秘権を貫く容疑者のように、節子は下を向いて梅田の前で座っていた。明子からその後の状況については連絡をもらっていたが、改めて節子からも、ぎくしゃくしたまま明子がセブ島に戻ったことなどを聞いた。

「藤野さん、ぶしつけな質問になり大変申し訳ありませんが…」

今後、どのように家計サポートをすべきか提案する前に、梅田は確認したいことをそのまま節子にぶつけた。

「もしかして、どなたかと再婚されたのではないでしょうか？」

梅田の質問に、節子の顔は少し紅潮した。以前、「このままじゃ孫の顔も見せられないし…」と言っていた時の明子の恥ずかしそうな表情を梅田は思い出した。そしてそれは、梅田の予想が当たっていることを示していた。

観念したと言わんばかりにため息をつき、節子はこれまでのことを話し始めた。

「いつか娘に、そして梅田さんにも言わなければと思っていたのですが、どうしても、なんというか、この年になって、その…」

話さなければならないという思いとは裏腹に、節子はなかなか言葉が出てこないようだった。

「娘が家を出て半年ぐらいでしょうか。高校の同窓会が行われまして。今までなかなか参加できなかったのですが、一人でずっと退屈な生活をしていましたし、久しぶりに参加したのです」

〝その人〟のことをどういうふうに説明すべきか？　節子は今まで何度も娘に告げるシーンをイメージしていたのだろう。「ふぅ」と息を吐き、覚悟を決めた表情をした節子の口からは、その後ゆっくりと、しかしよどみなく言葉が継がれた。

「そこで、当時好きだった彼と再会したのです。卒業後ほとんど会う機会はなかったので、年相応に見た目は変わっていましたが、当時と変わらず快活で、面白くて。すぐに私にも声を掛けてくれました。久しぶりの同窓会に少し緊張していたのですが、彼のおかげですっかり楽しい時間を過ごして、二次会まで。遅くなったので彼がタクシーで送ってくれました。タクシーの中で分かったのですが、その彼は偶然にもすぐ近所に住んでいたのです」

梅田は早くその後の展開が聞きたいと、すっかり仕事そっちのけで節子の話に耳を傾けていた。

「登山を始めたのも彼がきっかけなんです。家も近いし、いつも迎えに来てくれて。彼は地方公務員としてずっと地元から離れなかったそうなんです。そして随分前に離婚したということも分かりました」

「で、で、いつ、プロポーズを？　向こうから？」

いつもＦＰ相談でヒアリングを行う際、言葉の選び方、聞き方など慎重を期する梅田だったが、この時は、つい友達に尋ねるかのように聞いてしまった。

「彼、あまり体調が良くなくて、一時、入院していたんです。今は自宅療養中なのですが、彼から『いざというときのことも考えて、入籍しませんか？』と話がありました。2月初めのことです。内縁関係では何かと私に迷惑が掛かると言って」

「病院内のコンビニのレシートがあったのは、お見舞いに通われていたからだったんですね。そして今は、ご近所とあって、その方のお世話といいますか、サポートをするため、自宅にいる機会が減ったんですね？」

彼のことをどう表現していいか分からない梅田は「その方」と言いながらも、その次に出てきた「お世話をする」という言い方も少し違う気がして、「サポート」という抽象的な言葉を並べた。彼の家で2人が生活しているシーンに言及することは、梅田にとってもどことなく照れくさかった。当の本人はなおさら言い出しにくかっただろうと、梅田は節子の気持ちを推し量った。

「でも、なぜ梅田さんは私が再婚したと思ったのですか？」

節子が不思議そうな顔をして梅田に尋ねた。

「通帳の4月15日の欄を見た時に、ピンときました。年金額の遺族厚生年金の欄がなくなり、節子さんの老齢年金だけになっていたので。遺族厚生年金の権利を失権する理由の一つが再婚ですから」

「さすが、ＦＰさんですね。金額が減ることに関してはあまり気にならなかったのですが、亡くなった夫とのつながりが途絶える気がして、手続きしながら、正直、迷いました」

年金のみならず、再婚に向けての手続きをする節子の姿を梅田は思い浮かべた。

その後も数カ月の空白を埋めるように、２人は話を続けた。

「彼、離婚後、賃貸アパートに住んでいるので、私の家で新生活を始めようと思っているのですが、随分古い家なのでリフォームを検討しています。もちろん明子に確認しないといけないし、お金の問題もあるし。いろいろ大変ですね」

やらなければならないことが多いと困惑した表情を浮かべる節子に、「もしよろしければ、ご主人とお二人で一度ご来所いただけませんか？　これからのライフプランについてアドバイスさせてください」と梅田が提案した。

「いいんですか？　ありがとうございます。彼にも同席してもらうのが一番ですよね。彼の予定を聞いて連絡させてください」

提案を受け入れてくれた節子を見ながら、梅田はほっとした。定期的にサポートすると約束していたにもかかわらず、ここ数カ月は会うことも叶わなかったため、少しでも節子の役に立てればという思いであった。

「あのー、これ…私の携帯電話番号です」

節子はぎこちない手つきで真新しいスマホを見せながら、番号を梅田に教えた。

「今回、こういうことでご迷惑をお掛けしたこともあって、スマホを持つことにしました。海外にも無料で通話できるみたいで。早く持っておけばよかったですね。早速これを使って、明子にきちんと話をしてみます。顔を見ながらでも話ができるのでしょう？　今、彼に使い方を教えてもらっているところです」

節子は相変わらず目線を下の方に向けてはいるが、その表情は明るかった。

「スマホを持てば、旦那さんとも連絡が取りやすいですしね！」

梅田の言葉に節子は顔を上げ、とびきりの笑顔を見せた。

＊

翌週、早速2人との面談が実現した。節子が再婚相手と来所するとあって、梅田と白木は朝から落ち着きなく過ごしていた。約束の時間ちょうどに事務所のドアをノックする音が聞こえ、2人の緊張感は一気に高まった。

「梅田さん、白木さん、こんにちは。今日はお時間をいただき、ありがとうございます」

節子の後ろには凜とした男性が立っている。

「こちら、高尾俊彦さんです」節子から紹介され、男性は笑顔で梅田と白木に会釈した。

「初めまして、FPの梅田と申します。高尾さん、節子さんよりお話は伺っています。このたびはおめでとうございます」

梅田の言葉に2人は少し照れながら、椅子に腰を掛けた。

「なんか、本当に素敵ですねー。お似合いですよ」白木がお茶を出しながら、つい発してしまったが、梅田も全く同じことを感じていた。

「新生活のスタートというお二人の門出に関わらせていただき、ありがとうございます。まずはリフォームの件から話をさせてください」

梅田が本題に入ろうとすると、それに合わせて高尾がテーブルの上にハウスメーカーの見積書を並べた。

「業者にリフォームの見積もりをお願いしたのですが、予想以上に費用がかかるようで。2人で負担しようと思っていたのですが、リフォーム以外にも何かとお金が必要で、ちょっとためらっているんです」

「住環境を整えることも大切ですが、ご夫婦で登山はもちろん、旅行などセカンドライフを楽しみたいですよね」

梅田は高尾の話に同意しながら、今後のお金の使い方として一つの選択肢を示し始めた。

「そのような場合、リバースモーゲージ[3]という制度を検討するのも一つだと思います」

梅田の提案に、高尾と節子は興味深く聞き入った。リバースモーゲージとは、自宅に住み続けながら、自宅を担保にローンを組むことができる制度である。融資を受けた債務者が亡くなったとき、自宅を売却等して借入金を返済する仕組みになっており、持ち家のあるシニアにとってはメリットが大きい。月々の返済は利息部分のみであるため、老後生活における負担が軽く済むことも利点の一つだ。

「そんな制度があるんですね。私たちの年齢ではリフォームローンは組めないとすっかり諦めていました。明子も日本に戻ってくるか分からないし、自宅を残しても…」

そこまで言ったところで、節子は何かひらめいたようにぱっと目を見開き、うれしそうに高尾の方へ顔を向けた。

「このローンを検討すれば、俊彦さん、リフォームと息子さんの件、どちらも叶うかもしれませんね」

「息子さん…ですか？」梅田と白木は視線を高尾の方に送り、そう尋ねた。

「いやー、気恥ずかしいのですが…。結婚を控えた一人息子がおりまして。親子で同じタイミングで結婚することになりました。そして息子も住宅購入を考えていまして」

高尾によると、離婚後、元妻が息子を引き取ったため、息子と会えるのは年に数回のみと限ら

3　リバースは逆という意味で、「逆住宅ローン」と呼ばれることもある。住宅金融支援機構と提携している民間金融機関が提供する「リ・バース60」などがある。物件の状況、エリア等によっては利用できない場合もある。

れていたという。しかし今回、結婚する時くらい父親らしいことをしてあげたいという気持ちが強く、息子に資金援助を考えており、節子もその気持ちは理解しているようだ。

「ただ、贈与税…でしたっけ？　親子でも税金がかかるということを聞きまして、この話も止まったままで…」

そう言う高尾に、梅田は親子間でも金銭等を贈与した場合、原則、贈与税の対象となり、年間110万円の基礎控除を超過した額が課税対象となることを説明した。

「300万円から500万円ぐらいの贈与を検討しているのですが、この金額だと、息子が税金を払わなければならないんですよね？」

「そうなりますね。ただし、結婚や住宅取得等、贈与の目的が決まっているなら、基礎控除に一定の非課税枠が上乗せされる特例もありますよ」

特例を使うことで非課税で贈与ができるかもしれない。梅田の説明に、高尾の不安気な面持ちはすっかり前向きな表情に変わっていた。

「梅田さん、ありがとうございます。もう、分からないことだらけで、今後どうすべきか悩んでいたんです。リバースモーゲージという選択肢が加わりましたし、贈与税もそれほど心配しなくてよさそうですね。もう1回、節子と2人でお金の使い方をゆっくり考えてみます。モヤモヤした気持ちが晴れました」

高尾に合わせて、節子も深々と頭を下げた。

「お二人の話し合いの中でご不明な点がありましたら、いつでも声を掛けてくださいね」

梅田がそう締めくくろうとした時、高尾に促され、節子がハンドバッグからカラーで印刷された1枚の用紙を梅田と白木に差し出した。

「今度、登山仲間が私たちのために小さなパーティーを開いてくれることになりまして。もしよければ、梅田さんと白木さんにも参加してもらいたいのですが…」

パーティー会場や日時が記載された案内状を見て、すぐさま白木が事務所のスケジュールを確認した。「その日は何も予定ありませんよ」と興奮気味に白木が梅田に伝えた。

結婚、出産、住宅取得や退職など、FPは相談者の人生の節目に関わることが多いが、それを祝う場にも立ち会わせてもらえるとは。梅田は感慨に浸った。

＊

親族や登山仲間など20名程度で行われたパーティーは、3時間ほどで終了した。この日は大安とあって、会場となったホテル内では、他にも数組の結婚式が行われていた。梅田と白木はこのまま帰るのが名残惜しく、ロビーラウンジでコーヒーを飲みながら、中庭でブーケトスをする若い新婦に目を奪われていた。

「FPって、相談者の大きなライフイベントに関わる仕事だと、今日改めて感じました」

白木は視線を中庭に向けたまま、そうつぶやいた。

「節子さんのあんな表情、今まで見たことないです。なんか、いいなー。これから堂々と2人で新生活が始められますね」

「コソコソ付き合う大変さは、白木さんよく知っていますからねー」

白木をちゃかしながら、梅田も感慨深い表情を浮かべていた。

「よし、決めた！　白木さん、聞いてください。私のライフプラン。一つ大きな目標ができました」

「えっ、なんですか？」

「今後数年で、スタッフ5人程度の事務所に拡大します。新卒採用をして、若手を育てたい。これが目標です。そのために一層努力しなければ」

酔いも手伝い、梅田は熱く語り始めた。

FP事務所として規模の拡大、雇用創出、そして若手育成。

学生時代にFP資格に出会い、税理士をはじめ名だたる資格業にも負けない高い専門性を磨きたいと、FPに対して誰よりも強い思い入れのある梅田らしい目標であった。

「もしかしたら、若手スタッフが結婚することになって、『所長、主賓挨拶お願いします』なんて、頼まれるかもしれませんねー。がぜん、若手の採用、育成にやる気が出てきました！」

「すみませんね、今のスタッフが若いスタッフじゃなくて」

白木が口を尖らせながらそう返すと、２人はまた、いつものようにたわいないやりとりを始めた。これからが楽しみで仕方ない。梅田は披露宴会場でスピーチをしている自分を想像し、そんな表情を浮かべていた。

美しい衣装に身を包み、幸せそうにほほ笑み合う新郎新婦。そんな2人に、笑顔でお祝いの言葉を投げ掛ける大勢の招待客。そして、その全員から拍手を送られながら、マイクの前に立つのは、自分だ。

「新郎の勤務先の代表であります、梅田真一様より祝辞を頂戴いたします」

司会者の声が、梅田の中では確かに響き渡っていた。

人生100年時代を自分らしく生きるマネー知識！

60代後半で再婚をすることを決めた節子さん。私は素敵な決断だと感じました。ただ、娘さんには早く伝えておけばよかったですね。

最近はダイバーシティ（多様化・多様性）という言葉が使われるようになってきました。夫婦というかたちにこだわらないパートナーとしての付き合い方をする人もいます。夫婦に子どもが2人いる家族構成を「一般的な家庭」と言うことがありますが、実は、この「一般的」とされる家族の形態は近年どんどん減少傾向にあります。

皆さん自身、自分の価値観と向き合い、自分らしく素敵な生き方をしてください。もちろん、「一般的な家庭」を追求するのも一つの選択肢です。

なお、今回の節子さんは、入籍したことによって高尾さんの配偶者となり、所得税・住民税の配偶者控除の対象となり、相続においても法定相続人と見なされる他、相続税の計算上も配偶者控除を受けることができます。もし入籍せずにいたらこういった制度を受けることができません。
ただし、社会保険では、「事実婚」といった内縁関係の場合も考慮してくれるのです。よって、必ず入籍した方がよいというわけではありません。２人にとって最もいい付き合い方を模索する上では、一度、ＦＰや社会保険労務士に相談するのがよいかもしれません。

また、20代の人など「どうせ老後の年金が減らされるから年金を払っても意味がない」なんて、年金にマイナスのイメージを持っている人が多くいます。でも、今回節子さんが受け取っていたように、年金には、老後の老齢基礎年金・老齢厚生年金だけではなく、遺族年金や障害年金があるということを知っておいてください。現役時代もしっかりと保障してくれる制度なのです。

エピローグ

「今年の夏は、仕事のことを忘れて少しゆっくり休もう」

妻と2人の娘にそう告げ、開業5周年祝いも兼ねて、梅田は近場の温泉地へ短い家族旅行に出掛けた。

旅館に着くと、海が一望できる部屋に通され、夕方早めに温泉に入った。そして温泉上がりのビール。この瞬間のために仕事をしていると言ってもいい。

「お疲れ様」

妻が瓶ビールを傾けてくれる。冷房をつけてはいるが、温泉上がりでなかなか汗が引かない。梅田はそんなことはお構いなしに、むしろその状態を欲しているかのように、よく冷えたビールを一気に口へと運んだ。

「開業してしばらくは、こういう時間もなかった。今日は仕事を忘れてたくさん飲もう」

妻にも瓶ビールを傾ける。旅館の仲居が部屋まで運んでくれる夕食に舌鼓を打ちながら、その瞬間を待った。

夜8時ちょうどに、大きな音とともに花火が打ち上げられた。この「特等席」で家族に花火を見せるために、梅田は半年も前から、昼休みに旅館サイトを検索するのが日課となっていた。

花火で水面が明るく照らし出されたことで、浜辺に大勢の人が集まっていることも確認できた。首を傾け、目をきらきらと輝かせながら花火を見ている少年が印象的だ。そして、その視線の先では、さっきよりも一段と大きい花火が夜空を彩った。

「ママ、花火きれいだねー」

「次はあっち側に上がった！」

「ねぇ、パパ、もうちょっとそっちに寄って」

娘たちの声を聞き、梅田は花火より、その少年に目を奪われている自分に気付いた。

相談者が抱える問題を自ら「事件」と称し、一つ一つ知恵を絞り解決策を示してきたつもりだ。それなりの満足感もある。ただ、問題を解決に導いても、あの少年のように純粋無垢（むく）に先を見つめることができる人ばかりではない。多くの人がさまざまな不安を抱え、不確実な将来と向き合っていかなければならない。

ＦＰとしてこれからどうあるべきなのか？　まだまだやることはたくさんあるし、もっともっと学び、経験を積んでいきたい。

「仕事のこと、今日は忘れるんじゃなかったの？」

その様子に気付いていた妻が声を掛けた。梅田はバツが悪そうに、空になっていた妻のグラスにビールを注ぐと、ゆっくりと花火に目線をやった。

あとがき

ＦＰは相談者の夢の実現に向けてアドバイス、サポートする職業と言われることもあります。大きな家に住みたい、カフェを開きたい、世界一周旅行をしたい。こういった夢を叶える過程で、概してお金の知識やプランニングが必要となってきます。

皆さんは、今どのような夢をお持ちですか？　夢の実現に向けて努力している途中、もし、お金の不安や問題にぶつかったときには、ＦＰの存在を思い出してもらえるとうれしいです。また、読者の皆さんの中にはＦＰ資格に興味を持っている方、試験に向けて勉強をしている方もいると思います。本書が、学習意欲の向上やさらなる高みを目指すきっかけとなれば望外の喜びであります。

私は高校時代、野球部に所属していましたので、多くの球児がそうであるように、甲子園出場が夢でした。残念ながらその夢は叶いませんでしたが、その時の悔しさを忘れず、将来、甲子園球場に勝るとも劣らない素敵な舞台に立ちたいという思いが、ＦＰとして独立開業するエネルギーとなりました。

28歳の時に会社を辞め開業し、15周年を迎えようとしています。その間、何度も、辞めたい、逃げ出したいと思うことがありましたが、なんとか今日までやってくることができました。本書で登場する税理士や社会保険労務士、前職の同僚や上司、そしてFPの白木は全て実在の人物をモデルにしており、このような仲間があってこそ今があります。執筆をしながら多くの方々に支えられていることを改めて感じる機会となりました。この場を借りてお礼申し上げます。

今回、株式会社きんざい福岡支社長の高野雄樹氏のお力添えを頂き、出版が実現いたしました。ありがとうございました。また、初の小説執筆という、いわば私の挑戦を温かく受け入れ、ご指導くださった株式会社きんざいFPセンターの竹中学氏、そして毎日のように連絡をくれ、一文ずつ丁寧に何度も確認してくださった水落志保氏に感謝の意を表します。

まさか私自身の今までの歩みを主人公に投影し小説を書く日が来るとは。「梅田真一」とともに素敵な舞台に立つことができました。

これからも一球入魂、全力疾走で、FPという職業に向き合っていきたいと思います。最後までお読みいただきありがとうございました。

2020年11月　内山　貴博

駆け出しFPの事件簿

お金はなくても…お金の知識で解決できることはある！

2020年12月4日　第1刷発行
2021年6月22日　第2刷発行

著　者　内山　貴博
発行者　加藤　一浩
発行所　株式会社きんざい
〒160-8520　東京都新宿区南元町19
電話 03-3358-0016(編集)
03-3358-2891(販売)
URL https://www.kinzai.jp/

デザイン　コミュニケーションアーツ株式会社
印刷　三松堂印刷株式会社　ISBN978-4-322-13599-2